Toni Lauerer
Die schönsten Grimms Märchen auf Bairisch

TONI LAUERER

Die schönsten GRIMMS MÄRCHEN auf Bairisch

SüdOst Verlag

Bibliografische Information Der Deutschen Nationalbibliothek

Die Deutsche Nationalbibliothek verzeichnet diese Publikation in der Deutschen Nationalbibliografie; detaillierte bibliografische Daten sind im Internet über http://dnb.dnb.de abrufbar.
ISBN 978-3-95587-719-4

Titel:
Coverfoto: Fred Wutz
Ornamente: 123RF.com: provector, sripfoto

Illustrationen: Heidi Eichner

Foto S. 136 oben: Agentur SHOWTIME!
Foto S. 136 unten: Jeanette Brunner, Fotografie, Landshut

1. Auflage 2018
© 2018 Südost Verlag in der Battenberg Gietl Verlag GmbH, Regenstauf
www.gietl-verlag.de
Alle Rechte vorbehalten
ISBN 978-3-95587-719-4

Vorwort

Liebe kleine, große, mittlere, junge und relativ junge Märchenfreundinnen und -freunde,

wer kennt sie nicht, die wunderschönen Märchen der Gebrüder Grimm?

Was haben wir mit Rotkäppchen, Schneewittchen und Hänsel und Gretel mitgelitten?

Wie oft haben wir gehofft, einmal das Rumpelstilzchen im Wald zu treffen?

Wie sehnsüchtig haben wir uns ein Tischlein-deck-dich oder den Knüppel aus dem Sack gewünscht, der die ungehobelten Klassenbüffel, die uns immer gepiesackt haben, kräftig verhaut?

Es ist zwar nichts geworden mit den Wünschen, aber wir haben trotzdem was fürs Leben gelernt: Wer fleißig und brav ist, wird belohnt (siehe Frau Holle!), wer faul und frech ist, wird bestraft – meistens wenigstens! Ausnahmen bestätigen die Regel!

Nun hat man mir den Vorschlag gemacht, die Märchen auf Bairisch umzuschreiben und ich war sofort begeistert von dieser Idee.

Dass es mir so viel Spaß macht, habe ich mir allerdings nicht träumen lassen, ich konnte mit dem Schreiben gar nimmer aufhören!

Natürlich habe ich es nicht lassen können, die Geschichten mit vielen, vielen kleinen und größeren Gags zu würzen, so wie meine Leser es von mir kennen und (zurecht) erwarten.

Herausgekommen ist ein Märchenbuch für Kinder und Erwachsene!

Ich wünsche Ihnen und Euch allen viel Spaß beim Lesen, mindestens so viel, wie ich beim Schreiben hatte!

Furth im Wald im März 2018
Mit märchenhaften Grüßen
Ihr und Euer
Toni Lauerer

Inhaltsverzeichnis

Schneewittchen 8

Dornröschen 21

Frau Holle 28

Hänsel und Gretel 34

Rapunzel..44

Rumpelstilzchen 50

Aschenputtel 58

Das tapfere Schneiderlein 68

Tischchen deck dich, Goldesel und Knüppel aus dem Sack 80

Hans im Glück..95

König Drosselbart 102

Der Hase und der Igel 111

Rotkäppchen..116

Da Froschkönig 124

Der Wolf und die 7 Geißlein 130

Schneewittchen

Vor vielen, vielen Jahren, wias no echte Winter geben hat, do war amal Winter, und zwar – genau – a echter! Riesige schneeweiße (logisch eigentlich) Schneeflocken san vom Himmel owagschwebt wia Federn. Ein Traum!

Und wias grad so traumhaft schneibt, da is a Königin vorm Fenster gsessn und hat genäht, a Tischdeck glaubi, de war a bisserl zrissn, a kloans bisserl bloß, owa in an Königsschloss is a kloans bisserl scho zu viel, do geht's nobel zua! A Riss in da Tischdeck? Ohgottohgott, des geht ned!

Und der Rahmen vo dem Fenster, vor dem die Königin gsessn is, war kohlraberlschwarz, dunkelschwarz direkt wia Ebenholz. Ebenholz is a Holz, des is eben schwarz, drum hoassts wahrscheinlich Ebenholz.

Is wurscht, aaf jeden Fall hat de Königin dauernd auf die federleichten Schneeflocken aussegschaut und scho wars passiert: Sie hat sich mit da Nadel in den Finger gstocha – ned schlimm, owa es hod bluat. Do is sie erschrocka und hod d'Hand zum Fenster rausbeitlt, weil des Fenster war offa zwecks da frischen Luft, und do san drei Tropfa Bluat in den frischen Schnee einegfalln. Des hod farblich dermaßen wunderschee ausgschaut, dass sich die Königin denkt hod: „Mei, waar des schee – a Kind so weiß wia Schnee, so rot wia Bluat und so schwarz wia Ebenholz!" A normaler Mensch denkt sich so an Zeig ned, owa Königinnen, de san so drauf.

Und siehe da: Gar ned lang hats dauert, da hats a Töchterlein kriagt, des hat a Haut ghabt weiß wia Schnee, Lippen rot wia Bluat und Hoor schwarz wia Ebenholz! Wahnsinn, wia schnell oft manche Wünsche in Erfüllung gehen, manche überhaupt ned, bei mir is so fifty-fifty.

„Schneewittchen" hamms zu dem Deandl gsagt, wahrscheinlich wega dera schneeweißen Haut, genau woassmas ned, weil lebt ja koaner mehr, den ma fragen konn! Und ihra Mama, de Königin, de is scho kurz nach da Geburt vom Schneewittchen gstorm. Irgendwie aa ned fair, oder? Do erfüllt sich dei Herzenswunsch und dann stirbst! Schicksal, bläds!

Da König wollt koa alleinerziehender König sei und hod a Jahr drauf wieder gheirat. A saubere Frau, do konnma nix sagen, owa sie war furchtbar stolz und eitel, sie wollt allaweil de allerscheenste sei! Solche gibt's ja mehra, owa de war echt schlimm!

Sie hod an Spiegel ghabt, des war a Zauberspiegel, der hod reden kinna – Wahnsinn, ha? Meiner konn überhaupt nix, der hängt bloß den ganzen Dog im Bad rum! In den Spiegel hods immer eingschaut und dann hods gfragt: „Spieglein, Spieglein an der Wand, wer ist die Schönste im ganzen Land?" Und da Spiegel hod gsagt: „Frau Königin, Ihr seid die Schönste im ganzen Land!" Und sie hod gsagt: „Ey cool, i hobs doch gwisst!", und hodse gfreit wia a kloans Kind, wenns beim Metzger a Wienerwürschtl kriagt.

Wahrscheinlich hod sich da Spiegel öfters denkt: „Jessas naa, de scho wieder!" Owa wos willst macha als Spiegel, du host koa Chance! Du wennst da Königin bläd kimmst, de haut di glei zamm aa!

Owa jetza kimmts: Des Schneewittchen, des is immer scheener worn, des kinnts eich ned vorstelln, so dermaßen schee, brutal! Und wias sieben Jahre olt war, da wars scheener als d'Königin! So, dann is des passiert, wos passiern hod miassn: D'Königin hod eines Tages den Spiegel wieder gfragt: „Spieglein, Spieglein an der Wand, wer ist die Schönste im ganzen Land?" Dann sagt er: „Frau Königin, Ihr seid die Schönste hier, aber Schneewittchen ist tausendmal schöner als Ihr."

De Königin hätts bald zrissn vor Zorn und vor Neid. „Wos dua i bloß, wos dua i bloß", hod sie sich denkt, „dass i wieder de Schönste bin? I muass de Schönste sei, sunst drah i durch!" Jeden Dog is da Hass aaf des arme unschuldige Schneewittchen größer worden – de war wirklich unschuldig, weil wennma schee is, konnma nix dafür, wennma greislich is, eigentlich aa ned – und eines Tages wars soweit: Sie hod den Anblick vo dem scheena Kind einfach nimmer ertragen kinna. Sie hod den königlichen Jaaga herkema lassn und zu eam gsagt: „Brings in Wald ausse und brings um, i konns nimmer seng! Und als Beweis, dassdas wirklich umbracht host, bringst mir ihra Lung und ihra Leber mit!"

Do schaust ha? De noble Frau Königin a brutale Mörderin! Wia konnma bloß so gemein sei? Des is doch ned so schlimm, wennma ned de Allerscheenste is, Mensch Meier! I bin aa ned schee, owa des is mir wurscht! Brav muassma sei und anständig, des is doch viel wichtiger! Owa des bini aa ned, hm …

Is jetza wurscht, aaf jeden Fall hod der Jaaga des natürlich ned übers Herz bracht, des unschuldige Kind umzubringa, weil's Schneewittchen hod gflennt und hod gsagt: „Bittebitte, lieber Jäger, lassmi am Leben! I renn ganz weit in den Wald eine und kimm nie wieder hoam, i versprichs, fettes Ehrenwort!" Dann hods da Jaaga renna lassen und hod dafür a junge Wildsau gschossn, a Wildsugerl praktisch, aaf hochdeitsch a Wildferkel, und dera ihra Lung und Leber da Königin mitbracht. Es is unglaublich, wia brutal de war: De hod de Lung und de Leber gessn! Und hod gmoant, de san vom Schneewittchen! Ja pfui Deifl, war de brutal, fast scho kannibal!

Und's Schneewittchen? Des is durch den riesigen dunklen Wald grennt, immer weida eine, stundenlang. Über Moos, über Stoana, durch Dornen, durch Bacherl, an Rehlein vorbei, an Wildsei, an Hirschen, immer weida. Wias scho fast finster worn is, is an a kloans Heiserl hikema, mittn im Wald drin. Und weils scho miad war, is eineganga, de Tür war offa. So wos wia do drin hods no nie gseng ghabt: Alles war blitzsauber, owa winzig kloa, wia für kloane Kinder! A kloans Tischerl, kloane Stuhlerln, kloane Becherln, kloane Tellerln, sogar de Semmeln aaf de Tellerln warn Semmerln!

Schneewittchen hod ghungert und dürscht, owa sie hod vo jedem Tellerl bloß a kloans Bröckerl gessn und vo jedem Becherl bloß a Schlückerl trunka, so nett war de. Dann wollt sie sich hilegn, weil sie war stoamiad. Owa koans vo de Betterln hod so richtig passt, sie hod alle probiert. Gottseidank war dann des letzte Betterl ok, sie hod sich eineglegt und is glei eigschlaffa.

Wias draußen scho ganz finster war, so umara zehn nach achte, kurz vor „Wer wird Millionär?", san die Hausherren hoamkema. Des warn 7 Zwerge, de hamm den ganzen Dog im Bergwerk Edelsteine gsuacht. Wias im Heiserl de Kerzn ozundn hamm, hamms gspannt, dass do wer do war.

Da erste hod gsagt: „Ey, wer is aaf mein Stuhlerl gsessn?"
Da zwoate hod gsagt: „Zenalln, wer hod vo mein Leberkaaserl obissn?"
Da dritte: „Ja genau! Und vo mein Semmerl hod aa wer obissn!"
Da vierte: „Und vo mein Radieserl aa!"
Da fünfte: „Und wer hod mit mein Gaberl gstocha?"
Da sechste: „Und mit mein Messerl gschnittn?"
Und da siebte: „Und wer hod vo mein Weißbiererl a Schlückerl trunka?"

Oaner hod bläder gschaut wia da ander, weils null Ahnung ghabt hamm, wos do los is und wer des war. Und wias gspannt hamm, dass de Betterl aa no benutzt warn, warns fast scho a bisserl grantig.

Owa dann hamms des Schneewittchen im Betterl liegen seng. Am Schnalz warns alle in sie verliebt, weils so schee war. Oaner hod gsagt, i glaub, es war da vierte, eventuell aa da dritte: „Ja Bluat vo da Sau, schaut de guat aus!" Is jetza ned grad a romantischer Ausdruck, owa er war einfach total weg, weils so schee war, des muassma versteh.

Weil Zwerge an Anstand hamm und koane Gloifel san, hamms des wunderhübsche Schneewittchen ned aufgweckt, und sie hod gschlaffa wia a Engel, bis um 6 Uhr 25 in da Friah. Warum akkrat 6 Uhr 25? Weil um 6 Uhr 25 hod jeden Dog direkt vorm Zwergenheiserl a Elster's schrein ogfangt! Des konnst du dir ned vorstelln, wia greislich de gschrian hod, de hod echt an Vogel ghabt!

Schneewittchen hod d'Augen aufgmacht, und de 7 Zwerge san ganz hin und weg vor ihr gstandn, oaner hod verliebter gschaut wia da ander. Jaja, Männer wenn verliebt san, de machen sich oft zum Deppen, Zwerge grad aso!

Momentan is daschrocka, des Schneewittchen, owa de Zwerge warn glei voll freindlich und hamm gsagt: „Wunderschönen guten Morgen, liebes Kind! Wie bist nacha du, ha? Und wia bist du in unser Heiserl kema? Sog, ha?" Und gschaut hamms und hizwinkert hamms ihr, also wirklich wia Idioten! Owa Männer san so, i woass des!

Dann hods eana de brutale Story erzählt vo da bösen Königin und dem Jaaga und so und dass sie Schneewittchen hoasst.

„Ja Bluat vo da Sau!", hod da dritte (oder da vierte?) Zwerg wieder gsagt, des war anscheinend sei Lieblingsausdruck. Und da Chefzwerg, er war 2,3 Zentimeter größer wia de andern, der hod dann's Kommando übernomma: „Schneewittchen", hoda gsagt, „jetza lus aaf! Du konnst bei uns bleiben, so lang wia du magst. Du kriagst wos zum essen, mir bauma dir a Bett, da Wrdunz (des war da 5. Zwerg) is a glernta Zimmerer, der konn des!" „Eh klar," hod da Wrdunz gsagt, und er war saustolz, dass er dem scheena Deandl a Bett zammbaun derf! „Und i näh dir a scheens Kleidl, weil i bin a glernter Schneider, a Damenschneider!", hod glei da 2. Zwerg gsagt, da Honki, weil er war natürlich schlagartig a weng eifersüchtig aaf den Wrdunz. I sogs ja: Verliebte Männer machen sich oft zum Deppen!

„A Ruah is, zenalln!", hod da Chefzwerg gsagt (er hod koan Nam' ghabt, er hod eigentlich bloß „Chef" ghoassn), „jetza red i! Also Schneewittchen, wia gsagt, du konnst bei uns bleiben. Mir kinnma eh jemanden braucha, der uns das Haus putzt, der wascht und der uns kocht. Weil woasst, mir samma den ganzen Dog im Bergwerk, weil vo nix kimmt nix, und aaf d'Nacht samma stoamiad, des konnst dir vorstelln! Da Ohrlibohrli (des war da 6. Zwerg, der hod dauernd mit sein Zeigefinger im Ohr bohrt, weilsna gjuckt hod) kocht zwar dann no wos, owa er is ned grad a Schuhbeck, ehrlich gsagt, eher a Suppenkaspar."

Da Ohrlibohrli is a weng rot worn, weil da Chef hod nämlich recht ghabt.

„Mei, danke!", hod's Schneewittchen gsagt, „ihr seids alle so nett, i bleib gern do! Und putzen und kocha und waschen? Nullo Problemo, i bin drei Jahr aaf d'Hauswirtschaftsschul ganga in Freising!"

„Dann is ausgmacht", hod da Chef gsagt, „schlag ei!" Und er hod ihr sei Hand highaltn, dass des Ganze besiegelt is, und's Schneewittchen hod eigschlagen. Natürlich hamm ihr de andern 6 aa d'Hand gem, weil de warn ja verliebt und wollten de Traumfrau berührn! Verliebte Männer machen sich oft ... owa des hobi scho erwähnt.

„Owa gell, pass bloß aaf!", hod da Chef gsagt, „weil de böse Königin wird irgendwie aussakriagn, dass da Jaaga blöfft hod und dass du no lebst! Irgendwann kimmts daher und will di umbringen, hundert Pro! Sperr immer de Tür zua, und wennst ausseghst zum Wäsch aafhänga: Schau zerst, ob de Matz ned in der Nähe is! A Überwachungskamera waar super, owa de is leider no ned erfunden!"

So is da erste Dog vom Schneewittchen bei de Zwerge losganga, genau so. De Zwerge san dann ab ins Bergwerk, und's Schneewittchen hod des Frühstücksgschirr aafgrammt und dann a Kreuzworträtsel gmacht, weil Fernseh hods no koan geben. Hätts oan geben, dann hätts bestimmt „Sturm der Liebe" ogschaut oder „Shopping Queen" oder ebbs vo dera Pilcherin, Weibersachen halt.

So, und wias da Deifl haben will, hod de böse Königin wieder in ihren Spiegel einegafft und gsagt: „Spieglein, Spieglein ... blabla", de übliche Frage halt.

Und wos sagt da Spiegel? Sagt der Depp: „Frau Königin, Ihr seid die Schönste hier, aber Schneewittchen über den Bergen, bei den sieben Zwergen, ist noch tausendmal schöner als Ihr!" Bloß bläd, oder? Des hätt er doch dera ned aafs Brot schmiern braucha, der Verräter! Owa wos willst von an Spiegel scho erwarten? Koa Hirn, owa scho gar koans!

De eitle Königin is schier ausgflippt vor Zorn, weils natürlich sofort gschnallt hod, dass der Jaaga voll blitzt hod, und sie hod krampfhaft überlegt, wia sie des Schneewittchen beseitigen konn.

Dann hod sie sich als Hausiererin verkleidet und is schnurstracks über de sieben Berge zum Haus vo de sieben Zwerge ganga. Ohne Navi über sieben Berge, des is koa Kinderspiel, des sog eich! „Hut ab!", konni da bloß sagen. Also bläd wars ned, owa bitterböse.

Dann hods klopft, und's Schneewittchen, neigierig natürlich, hod fürs Fenster aussagschaut und gfragt: „Hey, a Hausiererin! Wos host nacha du anzubieten? Wos Gscheits?"

„I bin a ehrliche mobile Kauffrau", hod de verkleidete Königin gsagt, „ i hob nur EinsA-Ware. Zum Beispiel hobi Schnürriemen aus Leder! De schaun cool aus und de machen di um d'Hüfte ume total schlank! Du schaust zwar eh scho guat aus, owa mit dem Schnürriemen daadst du top ausschaun, i schwörs! Kost oaner bloß zwoa Taler, drei Stück an Fünfer! Mach d'Tür aaf, dann kimm i eine und zoagta, wia des geht mit dem Schnüren!"

„De is ok", hod sich's Schneewittchen denkt, „a arme alte Kleinunternehmerin, de ghört sich unterstützt!" Dann hod des dumme Deandl tatsächlich d'Tür aafgmacht und de Killerin einelassn. Des is des – Guatheit is verwandt mit da Blädheit!

„Sodala, dann schnür i dir glei an Schnürriemen ume, dassd segst, wie des geht", hods gsagt und's Schneewittchen hodse scho gfreit aaf den todschicken Riemen, weil de warn damals voll in Mode, grad bei junge Deandln. Dann hod de Hausierer-Königin den Schnürriemen schlagartig dermaßen eng zuagezogen, dass dem Rotkäppchen d'Luft wegbliem is, und batschbumm is doglegn und hod koan Muckser mehr gmacht.

„So, jetza hostas, jetza liegst tot do hinter deinen sieben Bergen, du Fratz!", hod die Königin glacht und is ab.

Aaf d'Nacht san de Zwerge hoamkema und hamm des Schneewittchen kaasweiß liegen seng, sie hod sich nimmer grührt. Des war vielleicht ein Schock! Dann hamms gottseidank glei den engen Schnürriemen gseng, und da Wrdunz hod a Schaar packt und den Riemen durchgschnittn. Und wos is passiert? Wia a Staubsauger hod des Rotkäppchen de Luft eigsaugt und is wieder wach worn, de war gar ned tot, sondern bloß luftlos!

Dann hods den Zwergen vo dera Hausiererin erzählt, und de hamm natürlich sofort überrissen, dass de mörderische Königin war. „Lass koan mehr in des Haus eina!", hod da Chef gsagt, „kein Schwein! Versprichst uns des?"

„I lass koan mehr eina, i versprichs", hod's Schneewittchen gsagt und de rechte Hand ghoben, wia wenns schwörn daad.

Und d'Königin? De is natürlich mit Vollgas hoam und hod wieder ihra Spieglein-Sprücherl owaghaut, eh klar, weil sie hodse ja gfreit, dass sie wieder de allerallerscheenste is aaf da ganzen Welt. Do hod sie sich owa sauber brennt! Da Spiegel hod wieder gsagt: „Frau Königin, Ihr seid die Schönste hier, aber Schneewittchen über den Bergen bei den sieben Zwergen ist noch tausendmal schöner als Ihr!"

Mensch, is de zornig worden, des konnst du dir ned vorstellen! „Ja fix, wer hod denn de reanimiert? Des gibt's doch ned, de war doch hi! War do a Notarzt do oder wos? Oder is oaner vo de greislichen Zwerge Rettungssanitäter? I draah no durch!"

In ihrer Bosheit is sofort wieder aktiv worn: Sie hod an Kamm vergiftet, so an drumm Kamm für extra lange Hoor, weil's Schneewittchen hod Hoor ghabt, fast bis zu de Nieren owe (eigentlich bis zum Orsch, owa i wollt ned ordinär wern). Dann hod sie sich verkleidet als ganz alte Frau und is wieder furt in Richtung Zwergenheisl, sie hod ja jetza den Weg scho kennt, drum is

schneller ganga. Dann hods wieder an de Tür klopft und's Schneewittchen hod fürs Fenster aussagschaut und gsagt: „Hallo erstmal! Was geht ab?"

„Mach auf!", hod de alte Frau, de eigentlich de Königin war, gsagt, „i hob an super Kamm für di, do schau her!" Und sie hod ihr den Kamm, der echt guat ausgschaut hod, zoagt.

Da Kamm hod dem Schneewittchen zwar gfalln, owa sie hod sich erinnert, wos da Chef zu ihr gsagt hod. „Hilft alls nix", hods gsagt, „i derf koan einalassn! Konnst wieder geh! Tschau und einen schönen Tag noch!"

„So einen Kamm kriagst du nie wieder!", hod d'Königin gsagt, des is a Sonder-Edition! Und jetza kimmt da Hammer: I schenk dir den, weil du bist heit mei zehnte Kundin, host du einen Dusel! 's Glück is echt a Rindviech!"

Und wos duat's Schneewittchen? Wos duat des Horn? Weil ihr der Kamm dermaßen gfalln hod, hods alle Warnungen vergessen und hod de Tür aufgmacht! Es is zum Narrischwern, wia konnma bloß so bläd sei?

„I kampl di glei", hod de böse Königin gsagt und scho war da giftige Kamm in da Kopfhaut vom Schneewittchen. Des Gift hod sofort gwirkt, und scho is wieder doglegn, des doofe Prinzesserl. Normal ghört ihr a Schelln für so viel Blädheit! Owa de hätts eh nimmer gspürt, weil sie war weg vom Fenster, finito. Und d'Königin is wieder hoam zum Spiegelgaffa, de hod echt an Vollhau ghabt mit ihrer Eitelkeit.

Gottseidank wars bald Abend, und de Zwerge san hoamkemma, hamm des Schneewittchen totenbleich liegen seng und sofort den giftigen Kamm aussazogn und schwuppdiwupp is wieder aafgwacht. De hod echt des Glück vom Goasspetern (Peter Ziege aaf hochdeitsch) ghabt: Zwoamal klinisch tot und doch wieder lebendig! De Dumma hamm's Glück!

„Owa jetza machst wirklich koan und koaner mehr de Tür auf!", hod da Chef gsagt, „man soll sei Glück ned herausfordern! Für di brauchert man ja direkt a Security!" „I versprichs hoch und heilig", hod's Schneewittchen ganz kleinlaut gsagt.

D'Königin war am naxtn Dog wieder dahoam und natürlich: „Spieglein, Spieglein … blabla …", und da Spiegel natürlich: „… blabla … Schneewittchen tausendmal schöner" und so weiter, des Übliche halt.

„Ja Himmelherrgottbirnbaamhollerstaunbluadigerhundshaxnhoorigedrudnwarznundausgrissnebluatwurz!", hods gschrian, „des derf doch ned wahr sei! Des Schneewittchen muass sterm, und wenns mi mei eigenes Leben kost!"

Dann is ihr wos Hundsgemeines eigfalln: Sie hod in an Apfel a ganz a tödliches Gift einegspritzt, hod sich als Bauersfrau verkleidet und is mit an Korb voller Äpfel zum Zwergenheisl ganga.

„Wunderbare frische, knackige, gsunde Äpfel!", hods gschrian. „bio natürlich! Ungespritzt und giftfrei!" Giftfrei, ha-ha, dassi ned lach!

Schneewittchen hod's Fenster aafgmacht und gsagt: „I derf koan einalassn, auf keinen Fall!"

„Des brauchts ned", hod de verkleidete Königin gsagt, „i schenk dir an Apfel, weili heit guat drauf bin, do, nimm!" Und dann hods ihr an Apfel highaltn, der hod echt super ausgschaut, do host du glei Hunger kriagt, wenn du den ogschaut host.

„I derf aa nix annehmen", hod's Schneewittchen gsagt.

„No geh, hobdi doch ned aso, glaubst ebba, der Apfel is giftig? Schau her, i iss oa

Hälfte und du de ander! Du kriagst sogar de, de so schee rotbackig is, scho rein optisch de blanke Gsundheit!"

Dann hods den Apfel in zwoa Hälften gschnittn, und jetza kimmt des Hundsgemeine: Akkrat de Hälfte mit de roten Backerln war vergift! De Matz, de greisliche, hod des Gift bloß in de oane Hälfte gspritzt! Des is ned einfach, owa de hod des kinnt, weil sie war a glernte medizinisch-technische Assistentin! Königin is ja erst worn, weil sie sich den König gschnappt hod! Der is voll aaf ihra attraktivs Gfries einagfalln! Dass sie charakterlich a weiblicher Dreghamml war, des hod er erst nach da Hochzeit gschnallt! Des hamma gern: König sei, owa null Hirn! Owa des bloß nebenbei!

Aaf jeden Fall hod de charakterlich saumäßige Königin vo oaner Apfelhälfte abbissn, natürlich vo da ungiftigen, und hod dann dem Schneewittchen durchs offene Fenster de rotbackerte Apfelhälfte highaltn – und's Schneewittchen nimmt de Hälfte und beißt eine! Scho a bissl doof, oder? Wenns scho woass, dass Alarmstufe Rot is! Da Chef hod ihrs doch zwoamal gsagt! I kannt mi do echt ärgern, wenn a junger Mensch so dermaßen strunzdumm is! Naa, ehrlich, weils des ned braucht hätt! De hod doch vo de Zwerge a guads Essen kriagt, do brauchts doch den halberten Apfel ned, des doofe Deandl!

Noja, und dann kimmts, wia's kemma muass: Des Gift wirkt sofort und's Schneewittchen fallt um wia a Sack Mehl, maustot, Ende Gelände!

De Königin hods mit an unheimlichen Grinsen ogschaut und hod gsagt: „So, jetza host den Dreg im Schachterl! Etza liegst do und etza bleibst aa liegen, kein Mensch konn dir mehr helfa, ned amal a Zwerg! Und tschüss! Ach ja, und einen schönen Tag noch!"

Dann is hoam, hod schnell bieselt vor Aufregung und dann hods den Spiegel gfragt und dann is de Antwort kema, aaf de sie scho lang gwart hod: „Frau Königin, Ihr seid die Schönste im Land!"

Und dann des Drama im Zwergenheiserl! De Zwerge san vom Bergwerk hoamzukema um 19 Uhr 12 und hamm des Schneewittchen liegen seng, scho wieder! Des muasst dir vorstelln: Dreimal kimmst durchgschwitzt vo da Arbeit hoam und jedsmal liegt de do wia a Brezn! Irgendwann host do aa d'Schnauzn voll vo dera ewigen Sterberei!

„Ja fix", hod da Wrdunz gsagt, „des derf doch ned wahr sei! Ständig stirbt de! Kemmts, schauma, wo's desmal fehlt!"

Und dann hamms des Schneewittchen durchgecheckt, hamm gschaut, ob a Kamm in de Hoor steckt, ob a Schnürriemen z'eng is, nix, es war wia verhext, sie war tot, und zwar deutlich toterer wia de ersten zwoa Mal!

Drei Dog hamms gflennt – logisch, wenn wer stirbt, in den du verliebt bist, dann flennst du aa!

Und weil des Schneewittchen sogar als Leiche wunderschee war, hammses in an Glassarg eine und hamm den Sarg aaf an Berg gstellt. Warum aaf an Berg? Keine Ahnung, Zwerge machen manchmal Sachen, do fragst di – ganz sauber warn de aa ned!

Des Unheimliche, andererseits aa des Wunderbare war: Des Schneewittchen is aa nach 50 Dog no genau so schee im Glassarg glegen, als daads bloß schlaffa, Wahnsinn! De meisten Leichen schaun nach 14 Dog scho ziemlich schlecht aus, manche sogar scho, wenns no leben!

So, dann reit eines Tages a Königssohn daher, a Prinz quasi, und segt den Sarg mit dem Schneewittchen. Eam is ganga wia de Zwerge vor Wochen: Am Schnalz hod er sich ins Schneewittchen verliebt. In a Leiche! Des muasst dir amal vorstellen! Normal solltert der amal zum Psychologen, do stimmt kopfmäßig wos ned!

Owa guat, er hod zu de Zwerge gsagt: „Bitte gebts mir den Sarg! I gib eich alles Gold dafür, wos i hob! Und des is einiges, des sog i eich!"

„Vergiss!", hod da Chef gsagt, „der is unverkäuflich! Des is unser Leiche und des bleibt unser Leiche! Schneewittchen forever, so schauts aus!"

„I bitt eich wirklich recht schee, Männer! I fleh eich an! Bitte gebts mir den Sarg, i konn ohne den Anblick vo dera Traumfrau nimmer weiterleben! I wenn den Sarg ned kriag, i nimm a Schwert und häng mi aaf!"

Da Ohrlibohrli hod zum Chef gsagt: „Du Chef, segst du des – der is am Durchdrahn! Der duat sich echt wos o, wenn der den Sarg ned kriagt! Solltman eam ned geben, ha? Mir san sieme, mir hamm allaweil a Unterhaltung, owa der arme Deifl is alloa aaf da Welt, dann soll er wenigstens a Leiche hom, oder?"

Da Wrdunz hod gsagt: „Do muass i dem Ohrlibohrli recht gem. In Gottes Namen, gebma eam den Sarg, hamma vorher koan Sarg ghabt, brauchma jetza aa koan! Zumindest ned so dringend wia der Dolde!"

Des hod da Chef aa so gseng, dann hamms eam den Sarg gegeben. Da Prinz hod zu seine Diener, de er dabei ghabt hod, warum auch immer, gsagt: „Hebts den Sarg vorsichtig auf und tragts ihn in mei Schloss!"

Wos da Prinz ned gwisst hod: De Diener hamm am Abend davor Schafkopf gspielt und zu viert zwoa Kasten Bier gsuffa (Bockbier! Doppelbock!!), de hamm no an soliden Rausch im Gsicht ghabt! Und drum sans mit dem Sarg gstolpert, suffbedingt, da Sarg hod an Rumpler gmacht, 's Schneewittchen aa und zack, des giftige Apfelbröckerl hods aus ihrem Hals aussaghaut, sie hod d'Augen aufgmacht und war wieder voll do. Medizinisch ned erklärbar, des geht scho in Richtung Wunder!

„Äh, w… w… wo bini?", hods gfragt, sie war logischerweis ganz dadadert, weil wennst über 50 Dog tot warst, do blickst dann momentan nimmer recht durch.

„Bei mir", hod da Prinz gsagt, „bei mir bist! Und bei mir bleibst aa! Und drum frogidi glei vom Fleck weg: Daadst du mi heiraten? Und gell, a Nein gilt ned!" Als Prinz konnst dir des erlauben, dassd so keck bist.

Owa sie wollt eh „Ja" song, weil er hod ihr echt gfalln, a bissl hoda ausgschaut wia a Depp, Jonny Depp oder wia der hoasst!

Dann hamms glei de Einladungen verschickt für d'Hochzeit, de war am 18. Juli. De böse Königin hod aa oane kriagt, woass da Deifl, warum. Wahrscheinlich a Fehler vom Wedding-Planer, a Stockfehler!

Am Hochzeitstag hods ihra scheensts Gwand oglegt und dann den Spiegel wieder gfragt: „Spieglein, Spieglein … usw.?" Und da Spiagel, logischerweis: „Frau Königin, Ihr seid die Schönste hier, aber die junge Königin ist tausendmal schöner als Ihr."

Dann hod de an Fluach aussaghaut, der war so gotteslästerlich, den konn i gar ned schreim, ehrlich.

Sie is dann aaf d'Hochzeit ganga, vor lauter Neigier, weils de junge Königin seng wollt. Dann wars dermaßen neidisch aaf de Schönheit von der Königin, geb. Schneewittchen, dass so lang und so wild tanzt hod, dass um 23.47 Uhr tot umgfalln is!

Glaubst du, des hätt oan gjuckt? Des war allen wurscht, manche hammse sogar gfreit. De sieben Zwerge zum Beispiel, de warn aa eingeladen, eh klar. De warn echt guat drauf, bsonders da Wrdunz. Wia's de böse Königin umbleschd hod, hoda gsagt:

„Etz is tot,
des is ned schod!
Dieses war ihr Exitus,
Kellnerin, bring mir an Russ!"

Scho brutal, ha? Owa guat, er hod zu dem Zeitpunkt scho 5 Weizen ghabt und 3 Rüscherln! In dem Zustand sog i aa oft an Schmarrn.

Dornröschen

Es is scho ganz lang her, Dinosaurier hods nimmer geben, owa trotzdem, verdammt lang is her, do waren amal a König und a Königin. De hamm fast alles ghabt: Gold, Edelstoana, Diener, a Schloss, 6 goldene Kutschen mit 4 PS, weil 4 Rösser hamm de Kutschn zogn. Owa wia gsagt, bloß fast alles, weil a Kind hamms ned ghabt.

„Mei, waar des a Sach, wennma a Kindlein hätten!", hamms allaweil gsagt, owa Pustekuchen, sie hamm einfach koans kriagt. Es is manchmal wia verhext, du duast und duast und es wird nix – so is oft im Leben!

Eines Tages dann is Folgendes passiert: D'Königin is im Garten in ihrer goldenen Badwann ghockt und hod bad, logisch, drum hoassts ja Badwann. De Badwann hamm de Diener extra ausgstellt, weil a super Wetter war, 29 Grad im Schatten, fast 30!

Ned dass du moanst, de Nachbarn hamm dann higlurt und hamm de Königin nackert gseng – des kannst du vergessn, weil Nachbarn hods ned geben, des ganze Gelände rundum hod alles dem König ghört, und außerdem warn um den Garten drümmer Stauern, Johannesbeeren und so Zeig, do hättst eh nix gseng; ein Voyeur tat sich da schwör.

D'Königin hod sich grad von zwoa Dienerinnen den Buckl, also den Rücken – direkt an Buckl hods natürlich ned ghabt – schrubben lassen, do is aus an Weiher, der glei neben der Badwann war, a Frosch aussakrocha und hod zu ihr quakartig gsagt: „Hey Königin, dua di ned owe, des wird scho mit dem Kind! Es wird ned amal mehr a Johr dauern, dann kriagst du a Kind, a weibliches Deandl!"

I frog mi heit no, woher der Frosch des gwisst hod, und vor allem, warum der reden hod kinna, owa er hod tatsächlich recht ghabt. 10 Monat und 12 Dog später hod de Königin entbunden, aso a scheens Deandl hods kriagt, des war da Wahnsinn, wia a Model. De meisten Babys schaun ja bei da Geburt ziemlich verwutzelt aus, owa des Deandl war sofort schee, schlagartig.

Da König hod eine so eine Freid ghabt, dass er glei ein Riesenfest gmacht hod, des war der Event des Jahres im ganzen Königreich!

Alle Verwandten, Bekannten, Politiker, Promis und Freibierlätschn warn eingeladen, aaf deitsch gsagt, eine Megafete! Mit allem Pipapo, kalt-warmes Büffet, Jakobsmuscheln, Kaviar, Pressog, Bluatwürscht, vom Feinsten alles! Und zum Nachtisch a Schwarzwälder-Kirsch-Tortn und an Königsschmarrn, weil Kaiser

war er ja ned. Und ned bloß des Essen – gsuffa hamms aa wia de Ochsen! Rotwein, Weißwein, Bier, Schnaps und an Hugo für d'Weiber.

So, und jetza wird's dramatisch: Im Königreich hods damals 13 superclevere alte Frauen geben, de warn echt voll guat drauf, sogar zaubern hamm de kinna! De warn scho uralt, owa geistig voll fit, körperlich einigermaßen, bis aaf Blasenschwäche. Mei, do konnst nix macha, is a Alterserscheinung.

Owa weil bloß no 12 goldene Teller do warn, hamms oane ned eingeladen, weil an Kaviar und Jakobsmuscheln vom blanken Tisch essen, des schicktse ned! Beim Presssog gangs zur Not, schaut owa aa bläd aus, vor allem beim roten.

Kurz vor elfe aaf d'Nacht, da war des Fest scho hübsch aus, hamm de alten Frauen dem Deandl no gwünscht, dass gscheit wird, dass brav wird, dass no schöner wird, dass gsund bleibt, dass reich wird – wosma halt aso wünscht! Und akkrat, wia de 12. Frau grod ihren Wunsch song wollt, geht d'Tür aaf und de 13., de wo ned eingeladen war, is einagrauscht wia da Deifl. Sie hod ned „Griass Gott" gsagt oder „muh" oder „mäh", nix! Stinksauer wars, is zu dem Deandl hi und dann hods doch wos gsagt, ganz laut und voll gehässig: „Die Königstochter soll sich mit 15 Johrn an einer Spindel stechen und tot umfalln! Des habts davo, weil ihr mi ned eingladen habts! Königsgschwerl, verhauts!" Dann is aaf's Klo wega da Blasenschwäche und scho wars wieder furt.

Alle warn total schockiert, de ganze Partystimmung war im Eimer, des konnsta vorstelln! Da König hod zu de Musiker gsagt: „Spuits an Zwiefachen, dass a Stimmung einekimmt!"

Gottseidank war de 12. superclevere Frau no do und hod no ihren Wunsch freighabt. Aufheben hods den Fluach von der bösartigen 13. ned kinna, des geht einfach ned, rein zaubertechnisch, owa abmildern hodsna kinna, dass ned gar so krass wird.

„Du wirst dich stecha an dera Spindel", hods gsagt, „hilft alles nix. Owa du wirst dann ned tot sei, sondern schlagartig eischlaffa und erst in 100 Johr wieder wach wern! Mehr konn i jetza ned macha, sorry!"

D'Party war dann aus, des konnsta vorstelln! Nach so an Zwischenfall hod koaner mehr Bock zum Feiern. Sogar de bsuffan Pferdekutscher hamm gsagt: „Etza glangts uns, do schmeckt dir ja's Bier nimmer mit dem Gfetz!"

Am naxtn Dog hod da König zu da Königin gsagt: „Thusnelda, des werma nacha scho seng! Wenns koa Spindel nimmer gibt, dann konn aa koa Spindel unser Rosalein (so hod des Deandl ghoassn, weils so rosarote Backerln ghabt hod, fast pink) stecha!"

Dann hod er befohlen, dass alle Spindeln im ganzen Königreich verbrennt wern.

Woasst du eigentlich, wos a Spindel is? Des is aso spindelartigs Drumm, des brauchtma, wennma spinnt!

Also ned, wennma an Vollhau hod, sondern wennma aus Flachs a Woll macht mit an Spinnradl. Drum hoasst des „spinnen", wega dem Spinnradl.

Is wurscht, aaf jeden Fall hamm de königlichen Diener alle Spindeln eigsammelt und dann a Lagerfeier gmacht, dass da Rauch davo is. I moan, i versteh den König scho, owa für de ganzen Spinner im Reich wars a Katastrophe, de hamm nimmer spinna kinna, de warn total arbeitslos. Und Arbeitsamt hods koans geben damals, des war echt ned einfach! Wennst 30 Johr gspunna host und dann derfst nimmer, des is ned lustig! Owa des bloß nebenbei.

Des Rosalein is hergwachsen, und de guadn Wünsche vo de supercleveren Frauen hamm sich alle erfüllt: Wunderschee is worn, gscheit is worn, brav is worn, bumperlgsund wars, a guade Leichtathletin (bsonders Weitsprung), es war a Traum.

Und dann, wias den 15. Geburtstag ghabt hod, san da König und Königin grad aaf Dienstreise gwen in Klagenfurt, also eigentlich er aaf Dienstreise, sie mehr zum Shoppen, und's Deandl war alloans dahoam. Dann is im Schloss umeinanderstrawanzt, und ganz hint im Nordosteck war a uralter Turm, do is a Wendeltreppe auffeganga. A Wendeltreppe, des is a Treppe, de schaut aus wia a Spirale. Wennst de zu schnell aufferennst, dann kriagst an Drahwurm!

Do is des Rosalein, neigierig, wia 15-jährige Deandln san, bis ganz oben auffegstiegen, und do war dann a kloane Tür, do is a verrosteter Schlüssel dringsteckt. Den hods umdraht und zack, is de kloane Tür aafgsprunga. Und drin in da Stubn is a uralts Weiberl gsessn und hod gspunna mitana Spindel. Obs hirnmäßig aa gspunna hod, des woassma ned. De Spindel is anscheinend bei dera ganzen Verbrennerei überseng worn – bläd glaffa, oder?

Dann sagt de Prinzessin: „Ja hawedere, Mütterchen, wos duast denn du do?"

„Spinna dua i", hod de Alte gsagt, „wenn i spinn, dann geht's mir guat! I spinn so gern! So lang i leb, spinn i scho!" Also ganz sauber war de ned, daad i song.

„Und wos is des für a lustigs Drumm do, Mütterchen?"

„Des is a Spindel! Magst aa spinna? Derfst gern, nimm de Spindel!"

Und dann is passiert: D'Prinzessin nimmt de Spindel, sticht sich in den rechten Zeigefinger und scho is ins Bett einegfalln und hod schlagartig gschlaffa wie ein Ratz.

Und alle im ganzen Schloss san aa eigschlaffa – de Diener, de Beamten (do wars ned so schlimm, de hamm vorher aa scho oft gschlaffa), de Köche, de Rösser, d'Hund, sogar d'Fliagn an da Wand, alle hamms gschlaffa. Und obstas glaubst oder ned: Aa des Feier im Ofen und da Wind im Schlossgarten san eigschlaffa und da König und d'Königin aa, wias vo da Dienstreise hoamkema san bzw. vom Shoppen.

Grührt hod sich bloß no oans: Um des ganze Schloss ume is a Dornenhecke gwachsen und gwachsen und gwachsen, de hod des Wachsen ned aafghört und bis du gschaut host, hod man des Schloss überhaupt nimmer gseng, des war total verheckt. Man hods ned bloß nimmer gseng, man is aa nimmer hikemma, weil des Dornengstrüpp war wia a Mauer.

In de Wirtsheiser und am Milchbankerl hamms viele Jahre später erzählt, dass hinter dera Dornenhecke a wunderscheens Deandl schlaft, Dornröschen hamms zu ihr gsagt wega de Dornen und dem Rosalein, owa wos Genaues hod koaner mehr so recht gwisst, weil es war scho zig Jahre her, seit des mit dera Spindel passiert war!

Trotzdem san etliche junge Burschen higrittn und wollten durch de dornige Hecke durch zum Dornröschen, owa null Chance! Alle sans an de Dornen hängenbliem und nimmer aussakemma und jämmerlich verhungert. Draußen vor der Hecke am Sattel vom Roos hättens a Brotzeit dabeighabt, owa de san ums Verrecka nimmer aus da Hecke aussekemma. Des Roos is dann aa furt irgendwann, weil ewig wart a Roos aa ned.

Nach vielen, vielen Jahren is amal a junger Königssohn durch's Land grittn und hodse im Wirtshaus a Apfelschorle kafft und a Currywurscht. Bier hätts aa geben, owa Alkohol am Pferd war a Ordnungswidrigkeit. In dem Wirtshaus is a uralter Mo gsessn, den hod der Königssohn gfragt, ob do was dran is an dera Story mit dem Dornröschen. „Ja, des is wahr", hod der alte Mo gsagt, „des hod mir mei Großvoda scho erzählt und der hod scho glebt, do war de Dornenhecke no ned do und drum woass i, dass dahinter a Schloss is und dass do a superscheens Deandl scho ewig schlaft. Des is a Fluch oder so wos ähnlichs, schuld is angeblich a Spinnerei! Man hod zwar damals alle Spindeln verbrennt, owa irgendoane spinnt immer!"

„Des Deandl muass is seng", hod da Königssohn gsagt, „weil woasst, i suach a Frau, scho seit zwoa Jahrn. Owa bisher hamm sich nur welche gmeld, de möcht i ned gschenkt! Oa Gfries schlimmer wia's ander! Oane hod sogar a Tattoo, mir wennst ned gangst!"

„Lass des bleim!", hod da alte Mo gsagt, „lass des bleim! Du host koa Chance, dir geht's wie scho zig vor dir: Du bleibst in de Dornen hängen und dann bist verratzt! Etliche Skelette hängen scho drin in da Hecke, etliche! Wahrscheinlich alle tot!"

Du, des war dem Königssohn wurscht! Er hod ned amal mehr sei Apfelschorle austrunka, 's Zahln hoda aa vergessn (1 Taler und 12 Kreuzer hätts ausgmacht) und im Schweinsgalopp is er ab in Richtung Dornenhecke, de war knapp 4 Kilometer vom Wirtshaus weg.

Und jetza kimmt da Hammer, des hod owa der alte Mo ned wissen kinna: Es warn aaf den Dog genau 100 Jahre, dass sich des Dornröschen an da Spindel gstocha ghabt hod, und der Fluch war vorbei.

Wia der Prinz an de Dornenhecke hikemma is, warn de Dornen mittndrin lauter scheene Blumen, de san wia vo selber auseinanderganga, und da Prinz hod locker vom Hocker durchreiten kinna. Dann is er zum Schloss hikemma und alle hamms no pennt: D'Rösser, d'Hunde, d'Fliagn und alle anderen Tiere, de Beamten aa.

Er is schnurstracks in den Turm eine, wia wenn er's gschmeckt hätt, auffe ins Kammerl, hod des Dornröschen gseng, wias schlafend doliegt und hod sich glei denkt: „De oder koane!" De hod eam dermaßen guat gfalln, er war ganz weg! Dann hod er ihr an zarten Kuss geben und siehe da: Sie hod d'Augen aufmacht, hod eam ganz zärtlich ogschaut und hod sich wahrscheinlich denkt: „De 100 Johr Warten hammse rentiert, der is echt a Sahneschnitte!"

Und im gleichen Augenblick sans alle wach worn, de Tiere, de Köche, de Diener, sogar de Beamten!

Da Wind hod wieder gwaht, und des Feier im Ofa hod aa wieder brennt, und des Schweinerne hod in da Röhrn brutzelt. Man möchts ned glauben, owa des war nach 100 Johr allaweil no einwandfrei!

Da Koch, der vor 100 Johrn dem Lehrling a Schelln geben wollt, weil der Depp d'Suppn versalzn hod, hod sei Schelln losbracht und da Lehrling war baff.

Und da Prinz und sei Dornröschen? De hamm natürlich gheirat, allerdings im kleinen Kreis. De supercleveren Weiber hamms liawa ned eingladen, ned dass noml aso a Schmarrn passiert mit an Fluch.

Und sie hamm lang und glücklich weidaglebt. Und bei der goldenen Hochzeit, do war sie scho 165 Johr alt, hod er zu ihr gsagt: „Mei, woasstas no, Roserl, damals vor 50 Johrn? Wia i di wachbusselt hob im Turm om?"

Dann hod sie gsagt: „Jaaa, des war vielleicht schee! Des könntest ruhig amal wieder macha!"

Dann hod er ihr a Busserl gem und hod sich denkt: „Vor 50 Johrn wars irgendwie gschmackiger!"

Frau Holle

A Wei ohne Mo is entweder ledig oder gschieden oder Witwe. Oder verheirat, owa ned mit an Mo. In dera Gschicht, de ich eich jetza erzähl, wars a Witwe.

De hod zwoa Töchter ghabt, de warn dermaßen unterschiedlich, dass du nie glaubt hättst, dass des Schwestern san. Oane war schee und freindlich und fleißig, de ander war a Vollhorn – hässlich wia d'Nacht, stinkad faul und gschert wia a Schof nach da Schur. Jetza kimmt da Wahnsinn: D'Muada, also de Witwe, de hod des Vollhorn viel liaber ghabt wia de ander!

Wia gibt's des? Des is schnell erklärt: De greisliche Wedahex war ihra echte Tochter und de scheene fleißige Marie bloß ihra Stieftochter. Hundsgemein, owa mei, aso wars halt, Schicksal.

Und drum hod de scheene fleißige Tochter de ganze Arbeit macha miassn – waschen, putzen, kocha, d'Betta macha, mit'n Hund aussegeh, eikaffa, alles! Spinnen aa no mit'm Spinnradl! De hod an 16-Stunden-Dog ghabt, mindestens!

Und de ander? De verzogene Blunzn? Arbeiten? Des konnst du vergessen!

De is den ganzen Dog im Wohnzimmer gflaggt und hod oa Eis ums andere gschleckt, hod Kleider anprobiert und Schuah und hod ihra Stiefsschwester umanandakommandiert wia a Feldwebel. „Bringma a Eis, holma a Kuchenstükkerl, bsorgma a Snickers, aso is den ganzn Dog ganga. Zustände warn des, unglaublich. Und d'Muada hod trotzdem immer zu da greislichen ghalten, so wos ungerechtes, i kannt do dermaßen grantig wern, wenni so wos hör!

Eines Tages is de Fleißige wia so oft mit'm Spinnradl neba dem Brunnen im Garten gsessn und hod gspunna, stundenlang, bis ihre Finger bluadig warn, d'Spindel war aa voller Bluat, logisch. Sie wollt de Spindel im Brunnen abwaschen, dass de Woll ned aa no bluadig wird, und wias da Deifl hom will, rutscht ihr de Spindel aus da Hand und fallt in den Brunnen eine. Sie is glei zur Stiefmuada und hod gflennt und hod gsagt: „Omeiomei, mir is d'Spindel in Brunnen einegfalln! Wos soll i denn jetza macha?"

Und anstatt dass sie des arme Deandl tröstet, sagt de gemeine Stiefmuada: „Schee bläd! Hols wieder aussa, selber schuld!" Und's Vollhorn is aaf da Couch gsessn, hod a drumm Vanülleis in da Goschn ghabt und hod zahnt wia a Holzfuchs. I wenn durt gwesn waar, i hätt ihr oane batzt, echt!

Owa nix zum macha, de Fleißige is wieder ausse, is in ihrer Verzweiflung in den Brunnen eineghupft und hod ghofft, dass de Spindel wieder find. Owa sie war so lang unter Wasser, dass ohnmächtig worn is. Owa komischerweis und gottseidank is ned dasuffa, sondern wieder zu sich kema, und zwar aaf ana scheena Wies mit tausend Blumen, d'Sun hod gschiena, wohlig warm wars und d'Vögel hamm gsunga. Aaf de Blumen warn fleißige Bienen und bunte Schmetterlinge, es war direkt a Idyll. Sie hod überhaupt ned gwisst, wo sie is, am Anfang hods fast gmoant, sie is gstorm, owa dann hods a Muck gstocha, des hod dermaßen gjuckt, und wer gstorm is, den juckt nix mehr!

Sie is einige Schritte ganga, dann hods mittn in da Wies an Backofen steh seng, der hod graucht und der war voll mit lauter Brot, des hod dermaßen duft, wia halt a frischs Brot duft, einfach gschmackig. A Preiß daad song lecker.

De Brote hamm ganz verzweifelt gschrian: „Ziag uns aussa! Bitte ziag uns aussa! Wennst uns ned aussaziagst, dann verbrennma!"

Zerst hods gmoant, sie is im falschen Film – a Brot, des schreit, des gibt's doch normal ned –, owa wias ganz nah durt war, wars klar, dass tatsächlich de Brote gschrian hamm. Und mit wos? Mit Recht! Weil de warn scho goldbraun, es war höchste Zeit zum aussaholn. Und unser fleißige Marie hod den Brotschieber gnumma, der am Backofa gloant is, und hod de Brote befreit. Mei, hamm de eine Freid ghabt! Gibt nix Scheeners wia a Brot, des wo sich gfreit wia a Schnitzl!

Kaam is sie drei Minuten weidaganga, is zu an Baam hikemma, der war voll mit Äpfel und der hod gschrian: „Schüttel mich, schüttel mich, mir samma alle reif!" Sie hod momentan ned gwisst, ob da Baam schreit oder d'Äpfel, seltsam waar beides, owa sie hod den Baam gschüttelt, und der war echt froh, dass er de schwaare Apfellast losghabt hod, i glaub, er hod sogar „mersse" gsagt.

De brave Marie is weidaganga und ungefähr a Viertelstund später is zu an Haus hikema. Do hat a alte Frau fürs Fenster aussagschaut, de war ned grad de Scheena, drümmer Zähn hats ghabt wia a Kinehos. D'Marie hod direkt a weng Angst ghabt und wollt scho weida, do hod de Frau ganz freindlich gsagt: „Brauchst di ned fürchtn! Bleib do bei mir, leist mir a weng Gesellschaft! Dauernd bini alloa, des is mords fad! Und wennst mir im Haushalt a weng hilfst, dann kriagst alle Dog wos Guads zum essen und a woachs Bett zum schlaffa! Apropos Bett: Ganz wichtig waar, dass du mei Bett allaweil fest ausschüttelst am Balkon draußen, dass de Federn fliagn! Weil woasst, dann schneibts aaf da Welt! I bin nämlich die Frau Holle und an mir liegts, obs schneibt oder ned!"

„Echt etza?", hod d'Marie gfragt, „i hob gmoant, des liegt an da Kaltfront oder am Island-Tief mit Polarluft."

„Alles a Krampf", hod d'Frau Holle gsagt, „nur an mir liegts, konnst mir ruhig glauben!"

„Cool", hodse des fleißige Deandl denkt, „do bleibe do, des möcht i seng, wias schneibt, wenn i d'Betten ausschüttel! Und überhaupt sollma ältere Leit sowieso helfa, weil selber wirdma aa amal alt!" Ja, so anständig war de! So wos findst heit kaum mehr.

Dann is eizogn bei da Frau Holle und hod etliche Wochen fleißig ihra Arbeit gmacht, vor allem de Betten hods gschüttelt, dass d'Federn gflogn san und unten aaf da Erd hods gschneibt wia d'Sau, d'Kinder hammse gfreit wia de Schneekönige. Und guat is ihr ganga, da Marie, sie hod alle Dog wos Guats zum Essen kriagt und d'Frau Holle war immer freindlich zu ihr. Aaf d'Nacht hamms oft gratscht alle zwoa oder Mühle gspielt oder Monopoly.

Owa trotzdem – nach ungefähr zwoa Monat hods zur Frau Holle gsagt: „Sei mir ned bös, owa i daad jetza gern wieder hoam, i hob doch Sehnsucht nach mein Dorf, meine Freindinnen, sogar nach da Stiefmuada und da Stiefschwester, aa wenns a Vollhorn is!"

D'Frau Holle hod da volles Verständnis ghabt und hod gsagt: „Is doch klar, irgendwann willma einfach wieder hoam! Owa woasst wos? Du warst de ganze Zeit so fleißig und so brav und so freindlich zu mir, du kriagst wos vo mir!"

D'Marie hodse denkt, am End a Schachtel Pralinen oder a Überraschungsei oder an Ring Fleischwurscht, owa es war ganz wos anders! Wias vom Haus wegganga is, is sie aufamal vor an Tor gstandn und hod ned recht gwisst, obs durchgeh soll oder ned.

„Geh durch!", hod d'Frau Holle vom Balkon owagschrian, „geh ruhig durch, dann kriagst die Belohnung! Do wirst spitzn!" Sie hod sich direkt selber drauf gfreit, dass sich d'Marie gfreit!

De is dann durch des Tor durchganga, und wias grod drunter war, is lauter Gold aaf sie owagrieselt, alles war goldern – ihre Hoor, ihra Kleid, ihre Schuah, überall is des Gold dranghängt, de hod glänzt wia a 100-Watt-Birn! Und wias dann durch des Tor durch war, is plötzlich wieder dahoam aafm Dorfplatz gstandn, bloß ungefähr 100 Meter vom Haus vo da Stiefmuada weg. Do is dann natürlich higanga, und wias total vergoldet in Hof eine is, hod da Gickerl gschrian: „Kikeriki, unsere goldene Jungfrau ist wieder hi." Laut schrein hoda scho kinna, owa sei Dichterei, naja, do waar no Luft nach oben, daad i song.

Sie is eineganga ins Haus und wia d'Muada und d'Schwester gseng hamm, dass voller Gold is, hamms ihr mords higschleimt. Jaja, aso is aaf da Welt: Kaam bist reich, host an Haffa Freind!

D'Marie hod alles brav erzählt, wos ihr passiert war, und d'Muada hod zum stinkfaulen Vollhorn gsagt: „Glei gehst ausse, hockst di an den Brunnen, stichst di mit da Spindel und dann hupfst in Brunnen eine! Und dann kriagst aa an Haufa Gold! Schnell, dummel di!"

Owa's Vollhorn war ned bloß dumm, faul und gefräßig, de war aa no wehleidig! „Owa Mamaaa, des duat doch weh, wenn i mi stich!", hods gjammert und eine Lätschn gmacht zum Grausen.

„Nix do", hod d'Muada gsagt, „ab etza! Denk an des Gold und hör aaf mit dera Jammerei!"

Dann is ausse, 's Vollhorn, hodse in Finger gstocha, is in Brunnen eineghupft und genau wia de fleißige Schwester aaf da Blumenwiese gland. Owa man hod glei am Anfang gmerkt, dass sie a anders Kaliber war, a bläders. Sie is durch de scheena Blumen datscht wia a Nilpferd, den Backofen, der wieder gschrian hod, hods ned ausglaart und den Apflbaam hods aa ned gschüttelt. „Bini bläd?", hods

gsagt, „und mach mir meine Händ dreckig an dem staubigen Brot und dera grintigen Baamrindn? Des konn a anderer Depp macha, i ned!"

Dann is zur Frau Holle kema. Sie hod ja scho gwisst, wia da Hos lafft, und am ersten Dog wars no mords fleißig, weils dauernd an des Gold denkt hod. Am zwoatn Dog hodses scho langsamer ogeh lassn und ab dem dritten Dog is bloß no aaf da Couch umanandaghängt und hod Süßigkeiten eingstopft, weil de warn bei da Frau Holle massenhaft in da Speis drin und d'Frau Holle hods ja ned essen kinna wega Diabetes Typ II.

Des Schlimmste war, dass de faule Stiefschwester de Betten nicht einmal ausgschüttelt hod, des war ihr zu anstrengend. Und drum hods den ganzen Dezember und Januar aaf da Erd ned oa Flocke gschneibt, und de Kinder warn ganz traurig und de Schilifte insolvent. Und schuld war sie, nur sie!

Da Frau Holle is dann aa z'bläd worden und sie hod gsagt: „So, des wars dann, derfst wieder hoam! Owa vergiss ned, dass du durch des Tor gehst, dann kriagst dei Belohnung!"

Sie hodse scho voll gfreit aaf des Gold und hod sich denkt, dass d'Frau Holle ned gschnallt hod, dass sie fast überhaupt nix gleist hod.

So, dann is des dicke Ende kema: Sie is unter dem Tor gstandn und hod d'Arm weit ausgebreitet, und de Jackentaschen aafgspreizt, dass viel Gold hängenbleibt. Und wos is owaggströmt? Pech, dicks, schwarz, bickerts und stinkerts Pech, pfui Deifl.

Voller Pech is dann plötzlich am Dorfplatz gstandn, und wias hoamkema is, hod da Gickerl wieder gschrian, allaweil no laut und allaweil no schwach im Dichten: „Kikeriki, unsere schmutzige Jungfrau ist wieder hi."

Alle hamms ausglacht, sogar ihra Muada hod kurz grinst, owa bloß ganz kurz. Owa ganz lang is des Pech am Vollhorn pappen bliem, jahrelang! Ihra Schwester hod des Gold guat oglegt und später an Bäckermeister gheirat, weil mit Brot hod sie sich auskennt, des hodma scho bei da Frau Holle gmerkt.

De hässliche Schwester is überbliem, weil mit dem Pechgstank is ihr koana higanga.

Und drum konn i bloß song: Helfts Apfelbaama und ältere Leid, wenns eich brauchen, sunst geht's eich wia dem Vollhorn!

Hänsel und Gretel

Es is scho ganz lang her, ungefähr zu der Zeit, wia dem Urgroßvater sei Urgroßvater no a kloana Bua war, eventuell sogar no länger. Damals hod am Waldrand, eigentlich scho a bisserl im Wald drin, a Holzhauer gwohnt mit seiner Frau (es war de zwoate Frau, de erste war tödlich verstorben) und seine zwoa Kinder. Wia de Frau und da Holzhauer ghoassn hamm, des woass koa Mensch mehr, de Kinder hamm aaf jeden Fall Hänsel und Gretel ghoassn, des hod irgendwer aufgschriem. Man konn bloß hoffa, dass de mit Familiennam ned Dampf ghoassn hamm, sunst waar da Hänsel als Erwachsener da Hans Dampf worn, den hättens gscheit gmobbt dann.

Da Hänsel war umara acht Johr alt, d'Gretel a bissl jünger. Der Holzhauer war dermaßen arm, des konn sich koa Mensch ned vorstelln! Auto oder Fernseh oder Telefon oder Urlaub hods eh ned gegeben, owa wenns des gegeben hätt, hätten de sich des nie und nimmer leisten kinna. Des bissl Geld, des er mit seiner Holzhauerei verdient hod, hod ned amal zum Essen glangt, es war echt zum Flenna! Alle vier warns zaundürr, eh klar!

Eines Tages aaf d'Nacht san da Holzhauer und sei Wei im Bett glegen, und er hod gsagt: „Wos damma bloß, wos damma bloß? Des Geld glangt hint und vorn ned! Koa Mensch lasst sei Holz bei mir haun, alle hauns selber, es is zum Mäusemelken! Waar i bloß a Beamter worn oder a Metzger oder wos, owa naa, a Holzhauer muass i wern, i Depp i! I woass echt nimmer, wo i wos zum Essen herbringa soll! Alle Dog a Wassersuppn mit Tannenzapfen als Einlage is aa nix! Mir koppts scho auffa!"

Dann sagt sei Wei: „Woasst wos? Morgen in alla Friah gemma mit de Kinder ganz weit in Wald eine, dann machma eana a Lagerfeier und gebma eana a Stückerl Brot. Und dann songma, mir hamm an Haufa Arbeit, und wennma firte san, dann holmas wieder. Owa mir holmas natürlich nimmer, mir lassmas sitzen und gemma hoam. De finden nie mehr aussa aus dem Wald, dann sammas los und brauchma bloß no für uns zwoa a Essen, des werma dann scho schaffa!"

„Woooos? I glaub, du spinnst!", hod da Holzhauer gsagt, „mir kinnma doch unsere Kinder ned alloa im dunklen Wald lassen, de verhungern jämmerlich oder da Wolf frissts! Naa, des machi ned mit! De eigenen Kinder im Wold aussetzen, des is für mi a No-Go!"

„Du konnst aa nix wia schlau daherreden!", hod sie gschimpft, „wenn mir de Kinder bei uns lassen, dann verhungern mir alle vier, weils für koan richtig glangt! Denk doch mit, Lalle!"

Sie hod so lang zuabenzt, bis er einverstanden war, und gsagt hod: „Ok, in Gottes Namen, dann machmas aso, wia du sagst! Owa i konn dir gar ned sogn, wia leid mir de zwoa tun!"

I woass, des is brutal, owa i konn aa nix dafür, es war aso!

Wos de Eltern ned gwisst hamm: Da Hänsel und sei Schwester hamm vor lauter Hunger ned schlaffa kinna und hamm des Gespräch mitkriagt, weil de warn so arm, dass ned amal a Tür ghabt hamm im Haus, und man hod alles ghört.

„Uiuiuiui, jetzt geht's dahi mit uns!", hod d'Gretel gjammert, „jetza werma im Wald jämmerlich verhungern! Omeiomei!"

„Tu dich nicht hinab, Schwesterherz!", hods da Hänsel beruhigt, „i lass mir wos eifalln! I bin ned so bläd, wia i ausschau! Bei dir is des wos anders!" Des war zwar fies, owa ned bös gmoant, weil da Hänsel hod sei kloane Schwester scho gscheit gern ghabt.

Und wia de Eltern eigschlaffa warn, is da Hänsel vors Haus ganga, do san a Haffa weiße Kieselstoana glegn. De hod er aufklaubt und alle in sei Rocktaschn gsteckt, es warn mindestens 53, eher mehr!

Dann is er wieder eine und hod zur Gretel gsagt: „Etza schlaf, i hob alles im Griff, besser gsagt in da Rocktaschn!" Tatsächlich is sie a bisserl ruhiger worn und hod eigschlaffa.

Am naxtn Dog is in aller Friah scho d'Muada daherkemma. „Stehts auf, ihr Faulenzer!", hods gsagt, „mir miassma in Wold zum Holzsammeln! Jeder kriagt a Stückerl Brot, owa hautses ned glei eine, ihr kriagts den ganzen Dog nix mehr, dass des klar is!" De war dermaßen brutal, des konn sich koa Mensch vorstelln.

D'Gretel hod des Brot eigsteckt, weil da Hänsel hod ja de ganz Rocktaschn voller weißer Kieselstoana ghabt, 53 mindestens, eher mehr!

Dann sans abmarschiert Richtung Wald. Da Hänsel hodse immer wieder umdraht und zruckgschaut zum Heisl. Da Voda hod gsagt: „Gaff ned dauernd hintere und pass aaf den Weg aaf! Aaf d'Letzt hauts di no hi aa!"

„I schau bloß um, weil am Dach mei weißes Katzerl omhockt", hod da Hänsel gsagt.

„Schmarrn!", hod d'Muada gsagt, „des is ned dei Katzerl, des is d'Sun, de spiagelt sich am Kaminblech, du Zwaschbl!"

Wos sie natürlich ned gwisst hod: Da Hänsel hod ned umgschaut wega da Katz, sondern er hod zwischendurch allaweil an Kieselstoa aaf d'Erd gworfa, owa des hod de Muada ned gschnallt, da Voda aa ned.

Wias ganz weit im Wald drin warn, mindestens 3 Kilometer, eher mehr, hod da Voda gsagt: „So, jetza tragts a weng a Reiser zamm, dann mache eich a Lagerfeier, dass eich ned friert, weil es is hübsch frisch heit!" Stimmt, es hod ghirgstlt!

Wos, du woasst ned, wos hirgstln is? Des bedeit, da Herbst is vor da Tür gstandn, und es war nimmer so warm wia im Summer. I erklärs dir bloß, dassd wos lernst! Wos, du woasst aa ned, wos a Reiser is? Ja Mensch, muass i dir alls erklärn! Reiser, des san kloane dürre Zweige, Reisig hoassts aaf hochdeitsch! So, etza Schluss mit da Erklärerei, weida geht's mit Hänsel und Gretel:

Sie hamm des Reiser zammtragen und bald draaf hamms a scheens Feierl ghabt. D'Eltern hamm gsagt, sie sollen brav sitzen bleim und später, wenns mit dem Holzhaun firte san, dann holnses wieder ab. Owa des war natürlich ned wahr, de wolltens im Wald lassen.

Da Hänsel und Gretel san eigschlaffa, weil aso a wohlig warms Feier, des macht miad. Wias wieder wach worn san, wars scho stockfinster und d'Gretel war glei voll in Panik, de war echt nervlich ned stabil. „Ohweh, ohweh", hods gsagt, „i seg überhaupt nix! Mir finden nie mehr hoam

aus dem unheimlichen Wald! I glaub, i hyperventilier glei! I hob voll an Angstzustand!"

„Des werma nacha scho seng", hod da Hänsel gsagt, „jetza wart, bis da Mond aafgeht, dann wirst spitzn! Moanst du vielleicht, i bin bläd? Bläd bin i ned!"

Und tatsächlich, bläd war da Hänsel ned! Wia da Mond gschiena hod, hamm de Kieselstoana im Mondlicht gleicht wia Silber und hamm de zwoa den Weg ozoagt zum Elternhaus.

Wias dahoam okemma san, hod d'Muada scheinheilig gsagt: „Do seids ja! Habts ihr total verpennt oder wos? I hob scho gmoant, ihr wollts gar nimmer hoam!" Aso a Matz, ha?

Da Voda hod sich gfreit wia a Schnitzel, dass de zwoa wieder do san, owa lang hod de Freid ned dauert, weil es war natürlich wieder nix zum essen do und sie hamm wieder ned gwisst, wias zu viert über die Runden kema solln, des war a Teufelskreis.

„Es hilft alles nix", hod d'Muada eines Tages zum Voda gsagt, „de Kinder miassn weg, dassma wenigstens mir zwoa ned verhungern. Moang bringmas wieder in Wald, owa desmal so weit, dass nimmer hoamfindn! Des waar doch glacht, wennma de ned losbringa daaderten!"

Da Hänsel hod des wieder ghört, weil er scho glurt hod, und wollt in da Nacht wieder weiße Kieselstoana holn. Pustekuchen – d'Haustür war zuagsperrt, da Schlüssel im Nachtkastl vo da Muada, und er hod ned ausse kinnt!

D'Gretel hod scho wieder's Wuisern ogfangt, sie war nervlich echt ned stabil, owa da Hänsel hod gsagt: „Etza warts ab, mir fallt scho wos ei, so schnell schiassn d'Preissn ned!" Ob er des genauso gsagt hod, woassi ned, owa so ähnlich. Eventuell hoda aa gsagt: „Es ist noch nicht aller Tage Abend!" Oder „Wer zuletzt lacht, lacht am besten!" Aaf jeden Fall wars irgend a schlauer Spruch.

Am Dog drauf sans alle vier wieder in aller Friah ab in Richtung Wald, d'Muada hod de Kinder wieder a Stückerl Brot gem, dass wos zum Beißen hamm. Und wos duat da Hänsel, da Schlawiner? Wirft alle 12 Meter a kloans Brotbröckerl aaf d'Erd, dass er den Heimweg wieder find! Ned dumm, owa desmol isa in d'Hosn ganga, der Trick!

D'Eltern hamms wieder ganz diaf in Wald einegführt, no viel diafer als des letzte Mal und hamm wieder a Feier ozundn und san wieder weg, angeblich zum Holzhaun. Natürlich war des scho wieder gelogen und da Hänsel und d Gretel san mitten in da Nacht ganz alloa aafgwacht.

„Nullo Problemo!", hod da Hänsel gsagt, wia d'Gretel scho wieder's Jammern ogfangt hod, „wenn da Mond aafgeht, dann seg i de Brotbröckerln, de i higworfa hob und dann gemma ganz locker wieder hoam! Und de Brotbröckerl essma als Wegzehrung!"

Denkste, Hänsel, denkste! Ned oa Brotbröckerl war mehr do, ned oans! Und warum? Weil de Vogerln, de gibts ja massenhaft im Wald, de ganzn Bröckerl aafpickt und gfressn hamm. Tja, jetza sans dogstandn wia da Ochs vorm Stodltor, obwohl koa Stodl do war, bloß Wald.

Heitzudogs waar des mit Handy oder Navi kein Problem, owa damals? Null Chance!

Sie hättens zwar probiert und san zwoa Dog umeinadergrennt, owa anstatt hoam sans immer diafer in den drumm Wald einekema.

Am dritten Dog hamms aafamal zwischen de Baama a Heisl gseng. Natürlich sans higanga und dann hamms gspannt, dass de Wänd' vom Heisl aus Brot warn, des Dach aus Lebkuchen und de Fenster aus Zucker. Host du scho amal so a Haus gseng? Also i ned. Do wenns fest rengt, dann host de siasse Läddn do! Do kriagn dann d'Reh und d'Wildsei Diabetes!

Drei Dog im Wald, wos hodma do? Genau, Hunger und d'Schnauzn voll vo dera Lauferei!

Drum hamms glei zum essn ogfangt – da Hänsel hod vom Dach an drumm Lebkuchen owagrissn und glei einebissn, d'Gretel hod am Zuckerfenster zutzlt, mei, war des wos Guats!

Mittdrin hamms a Stimm ghört, a ganz a hohe Weiberstimm: „Knusper knusper Knäuschen, wer knuspert an meinem Häuschen?" Bläd, oder? So a Frage! Man kannt ja aa song: „Wer isen do?" Owa Knusper knusper Knäuschen – aso a Schmarrn, voll Psycho!

De Antwort vo de Kinder war allerdings aa ned bsonders intelligent: „Der Wind, der Wind, das himmlische Kind!", hamms gsagt und weidagmampft.

Dann is de Haustür vo dem Heisl aafganga und a urolte bucklerte Frau is aussakema – schee wars ned, owa greislich – und hod gsagt: „Ja do schau her, zwoa Kinderlein! Wia kemmts denn ihr do her? Kemmts eina zu mir ins Haus, dann kriagts wos Gscheits zum essen, do werds schaun!" Sie war echt freindlich, man hod ihr ned okennt, dass des a Hex is, und zwar a brutale!

Dann sans eine und dann hod de Hex aufkocht, da Wahnsinn! Plätzln, an Leberkaas, an Bigmäc, Pommes, Chicken Wings, wos das Herz begehrt bzw. da Magen!

„Essts no!", hods gsagt, „essts no! I mog ja Kinderlein so gern, des kinnts eich gar ned vorstelln!"

Von wegen Kinderlein mogs gern! Ja scho, owa zum fressen! Des war a kannibalische Hex! De hod Kinder kocht und gessn, es is a Wahnsinn! Owa des hamm de zwoa ned gwisst und hammse gfreit über das guade Essen und dann über de woachn Federbetten, de eana de Hex zum Schlaffa hergricht hod.

Vier Wocha hamms echt a geile Zeit ghabt bei der Hex. Ok, helfa hamms scho miassn im Haushalt: putzen, auskehrn, d'Betta macha, Unkraut zupfa, Erdäpfl abschäln, da Hex d'Zehanägel schneidn (pfui Deifl, konn i do bloß song) und so Sachen, owa insgesamt wars in Ordnung.

Owa wia gsagt, des war alles bloß a Schau. De Hex hod sich immer wieder de zwoa Kinder ogschaut und hod sich denkt: „Lang dauerts nimmer, dann friss eich! Des wern zwoa schmackhafte Happen, a jungs Fleisch, es gibt nix Bessers! Und an Wirsing dazua mit a bissl an Kümmel, dass er ned aso blaht, mmhhh!"

Allerdings warns zaundürr, wia scho gsagt, und drum wollt sie den Hänsel no mästen, weil Buama hamm ja bekanntlich an bessern Appetit wia Deandln. Drum hod sie nach einiger Zeit den Hänsel in an kloan Stall eigspirrt, und er hod nimmer aussakinnt, weil do war a Gittertür davor, und nur sie hod den Schlüssel ghabt.

Dann wars aufamal gar nimmer freindlich und hod eines Tages in da Friah zur Gretel gsagt: „Steh aaf, du Faulenzerin! Mach a Wasser hoass und koch dein Bruader wos Gscheits zum essen! Der hockt draußen im Stall und der soll fett wern wia a Spofackl, und wenn er schee fett is, dann friessen! Aus die Maus!"

D'Gretel hätt bald da Schlag troffa, wias des ghört hod, owa wos wills macha? Davo hamms ned kinnt, weil de Hex hod a unsichtbare Zauberwand um ihra Grundstück ghabt, do is koa Laus durchkema.

Dann hod da Hänsel jeden Dog a super Essen kriagt: Schnitzl, Döner, Chicken McNuggets, Leberkaas mit Spiegelei und Bratkartoffeln, es war da Wahnsinn! D'Gretel hod bloß lauter Glump kriagt, weil sich d'Hex denkt hod: „An des Grischberl wird eh nix dro! Mir glangts, wenn i den fetten Buam iß!"

Alle Dog in da Friah is d'Hex an de Gittertür kema und hod gsagt: „Hä, streck dein Finger aussa, dasse seg, ob du scho fett bist!"

Owa da Hänsel war a Schlawiner, und zwar a schlauer Schlawiner! Er hod ihr allaweil bloß a dünns Boindl highaltn von an Gockerlhaxn, und sie hod des ned gspannt, weil sie hod schlecht gseng und a Brilln hods damals no ned gem, ned amal Fielmann! „Ja fix", hods gsagt, „warum wird denn an den nix dro? Der frisst wia a Ochs und is allaweil no so dürr!"

Nach vier Wochen wars ihr z'bläd und sie hod gsagt: „Etza glangtsma, etza wird er gfressn! I mach mi doch ned zum Affen und raam mei ganze Speiskammer aus und der nimmt ned zua, wo samma denn! Gretel, richt viel Wasser her, morgen wird da Hänsel gschlacht und kocht und gessn! Der haut jeden Dog a halberte Sau und a Hektar Erdäpfl hintere, für nix und wieder nix! I mog nimmer!"

D'Gretel hod gflennt, dass ihr de Bädderln über d'Wang owegrunna san wia a Wasserfall.

Owa d'Hex, null Mitleid! „Hör mit deiner Blärrerei aaf!", hods gsagt, morgen is so weit und aus! Wo kaamerten mir denn do hi!"

Am naxtn Dog in da Friah wars scho wieder am Kommandiern. „Gretel, bevor mir dein dürren Bruader schlachten, backma a Brot, weil des blanke Fleisch vertrag i ned, do kriag i Sodbrennen wia d'Sau! I hob scho eigschürt, kriach amal in den Ofen eine und schau, ob des Feier scho schee gleichmäßig brennt, dann daama den Brotdoag eine!"

Und woasst, wos de hundsgemeine Hex wollt? Wenn d'Gretel im Ofa is, dann wollts schnell d'Ofatür zuamacha, dass de Gretel mit dem Brotdoag mitbrat und dann hättstes als Vorspeis gessn, als Häppchen vorm Happen praktisch, Wahnsinn!

Owa d'Gretel war schlauer als gedacht, sie hod des scho gschnallt, wos de Hex vorhod und hodse bläd gstellt. „Äh, wia geht denn des, in den Ofa einekriacha? I hob des no nie gmacht! Mir hamm dahoam bloß a ganz a kloans Oferl vom Sperrmüll, des hod bloß a winzigs Ofatürl. Kannstmas kurz zoagn?"

Und d'Hex, voll doof, hod gsagt: „Dumme Gans! Du bist echt dümmer wia a Pfund Solz! Schau her, aso geht des!"

Dann is sie aaf des Podestl vorm Ofatürl gstiegn, es war eigentlich kao Ofatürl, sondern o drumm Ofatür, und hod den Kopf in den Ofa einegtreckt mit ihrem zaundürrn Krogn.

Und genau in dem Moment hod ihr d'Gretel an Schubserer gem, d'Hex is in den brennenden Ofa eingflogn und d'Gretel hod ganz schnell de Ofatür zuagmacht, dass nimmer aussakimmt!

Man hod bloß no ein Riesengschroa ghört im Ofa, graucht und gstunka hods wia hinterm Güllefassl, dann war a Ruah.

D'Gretel hodse den Schlüssel fürn Stall gschnappt, der is am Tisch glegen, und dann is ausse, hod den Hänsel aus dem Stall aussalassen und hod gjubelt: „Hänsel, alles gut, d'Hex is hi!"

Mei, hamm sich de zwoa gfreit! Hi und her sans ghupft, druckt hamm sie sich und abbusslt, de san schier ausgflippt – und des versteh i voll!

Dann sans ins Haus zruck und in da Schlafkammer hamms a Kistn voll mit Edelstoana und Perlen gfundn. Sie hammse alle Taschen vollgstopft und san ab in Richtung Heimat. Jetzt hamms ja wegkinnt, weil de Zaubermauer is mit dem Tod vo da Hex aa verschwunden gwen.

Owa sie warn wahnsinnig weit weg vo dahoam, 12 Kilometer locker! Und wenn du di ned auskennst, konn a Kilometer bis zu 1000 Meter lang sei!

I hoff, du host kapiert, dass des a Witz war! A Kilometer san immer 1000 Meter, ob du di auskennst oder ned!

Stunden warns scho unterwegs, do sans an einen mords Fluss kema, eventuell wars aa a See, des woassma nimmer genau, „ein großes Wasser" steht im Tagebuch von da Gretel. Is jetza zwar aa ned bsonders aussagekräftig, owa immerhin besser wia des, wos da Hänsel in sei Tagebuch einegschriem hod: „Nacha war d'Hex hi, nacha samma hoam, des wars im Großen und Ganzen! Ach ja, an Pfifferling hobi no gfundn, owa der war scho verfault, des Glump!"

Also in Deitsch hod der maximal an Vierer ghabt, do trau i mir wetten!

Zruck zum Fluss oder See, is ja wurscht, aaf jeden Fall sans ned drüberkema, weil Bruck is koane drüberganga und schwimma hamms ned kinna, ned amal des Seepferdchen hamms ghabt, Freischwimmer sowieso ned.

Mittndrin is a weiße Antn, Ente aaf hochdeitsch, daherkema. De hamms gfragt, obs aaf ihr umeschwimma derfa und d'Antn war voll hilfsbereit und hods über des „große Wasser" transportiert. Zerst d'Gretel, de war ja federleicht, dann den Hänsel, do hods gschnauft wia a Walross, weil der war ja so fett wega dera Mästerei vo da Hex! Manche Leit erzähln, de Antn hod nachher an Bandscheibenvorfall ghabt, owa i glaub, des is bloß a Schmaaz.

Aaf da andern Seitn vo dem Fluß oder See is eana der Wald scho a bissl bekannter vorkemma und knapp drei Stunden später warns dahoam.

Da Voda is ghupft vor Freid, de eiskalte Stiefmuada war inzwischen gstorm – grod recht gschieht ihr – und dann hamm de Kinder dem Voda de Edelstoana und de Perlen zoagt, de sie aus da Kistn von da Hex stibitzt hamm. Obwohl, wos hoasst stibitzt? Des war da gerechte Lohn für wochenlange Sklavenarbeit, des is eana zuagstandn!

Der Schmuck war gscheit viel wert, ungefähr 144.212 Taler, des san in Euro locker dreimal, eventuell sogar doppelt so viel!

Drum hamms ohne finanzielle Probleme weidaglebt und warn de reichste Familie vom ganzen Wald. War owa aa koa Kunst, weil sie warn aa de oanzige Familie, de im Wald gwohnt hod.

Owa trotzdem: Schönheit vergeht, Bargeld besteht!

Rapunzel

Komische Überschrift, ha? Jetza wirst dir denka: „Hä? Rapunzel? Wos isn des?"

Drum erkläres dir glei: Rapunzel is im Prinzip nix anders als a Feldsalat – woasst scho, der mit de dunkelgrüna Blattln, da oane mogna, da ander ned. I mogna so holbscharf, kann sein, muss nicht! Owa wurscht, i wollts bloß erklärn, bevor i mit meiner Gschicht ofang. Also, jetza fang i o:

Vor hübsch langer Zeit, do warn amal a Mo und sei Wei und de hätten sich so fest a kloans Kind gwünscht, hod owa ned highaut. Owa wia hoassts allaweil so schee: Die Hoffnung stirbt zuletzt! Und drum hod des Wei dieselbige ned aafgebn.

Sie hod mit ihrem Mo in an kloan Heisl gwohnt, weil direkt reich warns ned, Grattler aa ned, so Durchschnitt halt, normale Leit, Mittelschicht. Und vom Fenster im ersten Stock vo dem Haus – an zwoatn Stock hods eh ned ghabt – do hodma in den Nachbarsgarten einegseng. Du, der war echt cool, der Nachbarsgarten! Wunderscheene Bliamerln warn drin in alle Farben, sogar lila und pink, oane war tatsächlich curryfarben, obtas glaubst oder ned! D'Leit hamm bloß ned „curryfarben" gsagt, weils den Curry no ned gem hod – „geraun" hamms zu dera Farb gsagt, des is a Mischung zwischen „gelb" und „braun". Und Kräuter warn aa in dem Nachbarsgarten drin, de hamm gduftet, es war ein Traum!

Bläd war bloß, dass sich kein Schwein in den Garten einetraut hod, weil der hod einer mächtigen Zauberin ghört, de war ned bloß mächtig, sondern aa no bitterböse! Bloß dass du segst, wia böse de war: Vor dem Garten hods a Schildl aafgstellt, do is obengstandn: „Bedreten verbohten! Lebensgefar! Wer dem Garten betrit, den brienge umm!" Ja, du host di ned deischt, a Rechtschreibschwäche hods aa no ghabt, des Luader, des brutale!

Eines Tages schaut des Wei vo dem durchschnittlichen Ehepaar wieder amal fürs Fenster ausse in den Garten und wos segt sie do? Wunderbare knackig grüne Rapunzeln! Sie hod am Schlog an dermaßen an Glusterer aaf de Rapunzeln kriagt, dass ihr ganz schwindlig worden is, direkt draht hodses a weng! Owa sie hod ja gwisst, dass sie de Rapunzeln ned kriagt, weil „bedreten" war ja „verbohten". Owa der Glusterer is immer größer worn, und sie hod immer schlechter ausgschaut, weils nix mehr gessn hod, sie wollt bloß no de Rapunzeln und sunst nix.

Ihra Mo hod des natürlich gmerkt, dass sie ausschaut wia gspiem und hods gfragt. „Ja liabe Frau, wia schaust denn du aus? Is dir ned recht oder wos? Host magendarmmäßig wos? Magst an Bluatwurz, dass a Kopperl geht?" Cola hods damals no ned geben, des waar fürs Kopperl besser geeignet.

Sei Wei hod gsagt: „Omei, lieber Bertram (aso hoda ghoassn), du konnst dir ned vorstelln, wos i für an Glusterer aaf de Rapunzeln im Nachbarsgarten hob!

„Rapunzeln? Im Grunzer Otto sein Garten? Der hod doch koane Rapunzeln drin, bloss Radde und an Knofl!"

„Naa, i moan ja den Garten aaf da andern Seitn, den vo da Zauberin, de wo sich mitm Schreim so hart duat! Owa mei, in den Garten konn koaner eine und drum werd i nie de Rapunzeln kriagn und drum muass i sterm, Schicksal!"

„Des werma nacha scho seng!", hod sich der Mo denkt, „bevor dass mei liabe Frau stirbt, riskier i des und hol ihr Rapunzeln! Mir schmeckens ja überhaupt ned, owa a Wei wenn sich wos eibild, dann host du koa Chance!"

Dann is er aaf d'Nacht, kurz nach da Tagesschau, in den Zauberinnengarten einegstiegen und hod an Schiebel, des is ungefähr a halberts Pfund, ausgrissn und da Frau bracht.

Mei, hamm ihr de gschmeckt! Koa Wunder, sie hods mit Essig, Walnussöl und a bissl an Zitronensaft angmacht, Salz und a Prise Zucker natürlich sowieso. Und, als Tüpferl am Rapunzel, a paar frische Pfifferlinge, kurz angebraten in Rapsöl, cholesterinfrei! Wichtig bei de Pfifferlinge is, dass man de vorher … Obwohl, jetza kimmtsma erst: Des is ja koa Kochbuch, des is ja a Märchenbuch! Koa alte Sau interessiern meine Pfifflingstipps, Tschuldigung!

Also, zruck zur Gschicht: Nachdem sie de Rapunzeln radebutz wegputzt hod, war da Glusterer glei no größer wia vorher! Unglaublich! Obwohl, eigentlich ned unglaublich, i hob des aa scho erlebt, ned mit Rapunzeln, sondern mit Bier! Mi hod nach oaner Halbe no mehr dürscht wia vorher, so wos gibt's! Owa des bloß nebenbei!

Am naxtn Dog hods zum Mo gsagt: „Du, es is no schlimmer wia gestern! I wenn heit koane Rapunzeln kriagt, i geh ei wia a Kaktus!"

Da Mo hods scheinbar echt gern ghabt, weil aaf d'Nacht is er scho wieder ume in den Garten. Er hodse denkt „einmal ist keinmal und drum is zweimal bloß einmal und des wiederum is keinmal". Aso a Schmarrn, oder? Des war Diebstahl und aus!

So, und dann is des passiert, wos du wahrscheinlich scho geahnt host: „Er wollt sich grad nach de Rapunzeln bucka, do is plötzlich de Zauberin vor eam gstandn, gschaut hods wia da Deifl.

„Wia hostas denn du?", hods total zornig gsagt, „steigst im Finstern in mein Garten und klaust meine Rapunzeln! Des kost di dei Leben, du Klauerer, du krimineller!"

„Do is eam fei d'Muffe gscheit ganga! „B..b..bitte ned umbringa!", hoda gwinselt, „i duas bloß für mei liabe Frau, ehrlich! I mog gar koane Rapunzel, owa sie hod so an Glusterer ghabt, de waar mir eiganga, wenn i ihr koane bracht hätt. I bitt di recht schee, dua mir nix! Weil wennst mi umbringst, hods gar nix mehr, koane Rapunzel und koan Mo! Des daads ned überleben!" Der hod echt gflennt, aso hod sich der einegsteigert ins Jammern.

Owa gholfa hods! Da Zauberin hod er direkt leid do und sie hod gsagt: „Okidoki, dann bring i di ned um und dann bring vo mir aus deiner Frau sobviel Rapunzeln, wia sie mog, des is mir dann aa wurscht!"

„Ey, mersse!", hod da Mo gsagt, „da Herrgott solls dir im Kindersegen vergelten! Guad Nacht nacha, Nachbarin, zauberhafte!"

„Halt aus!", hod die Zauberin gsagt, „sooo einfach geht's aa wieder ned! I möcht natürlich wos dafür! Und zwar möcht i, dass ihr mir des erste Kind gebts, des wos dei Frau kriagt. I versprich, i kümmer mi um des Kind, es wird eam ned schlecht geh bei mir!"

Da Mo hod in seiner Panik gsagt „gebongt, des geht klar" und is hoam mit de Rapunzeln.

A knapps Jahr später hod sei Frau a Deandl kriagt. Kaam war de Entbindung ume, is scho d'Zauberin daherkema und hod des Kind gholt. Und woasst, wias des Kind genannt hod? Rapunzel! Ein Wahnsinn! Des arme Kind hoasst wia a Feldsalat! Stell dir vor, du daadst „Spinat" hoassn oder „Wirsching", unvorstellbar! Oder „Gelbe Ruam"! Brutal!

Da kloan Rapunzel is bei da Zauberin echt ned schlecht ganga, sie hod sogar ab und zu ihra Mama gseng und ihren Papa im Nachbarhaus, owa mehr wia „hallo, alles klar?" is ned gred worn, man hod sich halt entfremdet mit der Zeit.

Owa wia d'Rapunzel zwölf Jahr alt war, hods de Zauberin in an hohen Turm eigsperrt, der hod koa Tür ghabt und koa Treppe, voll quarantänemäßig! Wahrscheinlich wollts, dass koa junger Bursch ihr des Rapunzel wegheirat. De Gefahr hod scho bestanden, weil d'Rapunzel hod extrem guat ausgschaut, de hätt jeden Modelwettbewerb im Renna gwunga!

Ab und zu hod d'Zauberin d'Rapunzel im Turm bsuacht. Also des war dann echt krass: Sie hod sich unten higstellt und dann hods auffegschrian: „Rapunzel, lass dein Haar herunter!" Und d'Rapunzel hod ihre Hoor vo oben owaghaltn, de warn echt so lang, dass bis zum Boden glangt hamm, und d'Zauberin is an de Hoor auffegstiegn zu ihr. Mi wundert, dass des ned weh do hod, owa wahrscheinlich war d'Zauberin ziemlich dürr.

Wenn i d'Rapunzel gwen waar, hätt des nie und nimmer highaut, weil i bin plattert! Owa zu mir hätt eh koa Sau in den Turm gwollt, weil i bin ned so schee.

Apropos schee: Eines Tages is a Königssohn in der Nähe vo dem Turm vorbeigritten und hod an wunderscheena Gesang ghört. Des war d'Rapunzel, weil wenns alloa im Turm gsessn is, hods allaweil gsunga – wos hätts aa sunst macha solln! Meistens hods des Liadl gsunga „I can get no satisfaction", wahrscheinlich wars a Stones-Fan, weil des is de oanzige Band, de wos damals scho gem hod, so alt san de!

Der Königssohn hod dann beobachtet, wia de Zauberin de Nummer mit da Rapunzel ihre Hoor abzogn hod. „Des is ja da Hammer!", hod er sich denkt, „des muass i glei checka, ob des bei mir aa hihaut!"

Am Abend, wia d'Zauberin wieder furt war, is er hi zum Turm und hod auffegschrian: „Rapunzel, Rapunzel, lass dein Haar herunter!"

Und tatsächlich – sie hod ihre langen Hoor owalassn, und er is auffakraxlt an denen, guat, dass er aa bloß a Grischberl war, maximal 59 Kilo, und des halt a kräftigs Hoor scho aus. Und wahrscheinlich hod ihr de Zauberin a Schampoo zaubert mit Mineralstoffe und so Zeig drin, woasst scho, aloe vera und des ganze Glump.

Da Königssohn is dann alle Dog am Abend kema, wenn d'Zauberin weg war, und hod d'Rapunzel bsucht aaf an Ratsch und sie hamm aa Mensch-ärgere-dich-nicht gspielt und Mühle.

Irgendwann hamms gspannt, dass guat harmoniern alle zwoa, und er hod gsagt: „Du, kimm halt mit mit mir in mei Königreich! In dem Turm, do versauerst ja aaf Dauer. Und beziehungsmäßig is des aa nix, wenn i alle Dog 47 Kilometer zu dir herreiten muass, dann an deine Hoor auffekraxln und in da Friah wieder abhaun! Mir samma ja sozial total isoliert, koan Freundeskreis, nix!"

„Ok", hods gsagt, „bin dabei! Owa du muasst mir wos mitbringa, an dem i owekraxln konn, irgendwos, wos da Zauberin ned glei auffallt. Woasst wos, bring alle Dog an Strang Seide mit! Den flecht i dann zamm zu an Strick und wenn der lang gnua is, dann zischma ab!"

Owa der ganze Trick is komplett in d'Hosn ganga, weil de Rapunzel ihra Goschn ned halten hod kinna. Sagts ned eines Tages zu da Zauberin: „Also oans muass i dir scho song: Du derfst nimmer so viel essn! Du bist ja scho schwaarer wia mei Schatz! I kriag schee staad an Haarwurzelkatarrh mit dein Gwicht!"

„Wooos?", hod d'Zauberin gsagt, „wos hör i do? Schatz? Du Flitscherl, du allerleiders! Du Schnalln, du greisliche! Fangt de hinter mein Rücken ebbs mit so an Fankerl o! Des wird aso a Haumdaucher sei!"

„Des is koa Haumdaucher, des is a Königssohn! Karl-Heinz hoasst er!"

„Des is mir wurscht, aus is mit da Schmuserei, i bring di ins Zumplgebirge, des is ganz weit weg und do hobi a Hüttn, do konnst dann bleiben, bis du verschimmelst!" Dann hods an Zauberspruch gsagt und zack, war's Rapunzel ganz weit weg im Zumplgebirge. Kennst du's Zumplgebirge? Ned? Des is hinter de sieben Berge, dann no drei Berge weida,

47

dann links. Rechter Hand gangs übrigens zum Schloss vom Dornröschen, owa do is momentan a Umleitung.

Aaf d'Nacht is da ander Dolde wieder dahergrittn kema mit sein Seidenstrang und hod sei Sprücherl gsagt, Hoor san owagfalln und er is auffekraxlt. Du konnst dir ned vorstelln, wias den grissn hod, wia er de Zauberin gseng hod! Do gfreist di aaf dein Schatz, dann steht aso a Gfries vor dir, do vergeht dir alles! D'Schmuserei sowieso.

„Haha, do schaust, du Knallkopf!", hods gsagt, „du host gmoant, dei Flitscherl wart aaf di! Des konnst du vergessen, und zwar forever. De is im Zumplgebirge und do bleibts!"

In dem Moment war eam alls wurscht. „Wenn i d'Rapunzel ned kriag, dann willi nimmer leben!", hoda gschrian und is aus dem Fenster gsprunga in die Tiefe, der wollt echt sterm. Owa gottseidank hamm Dornenbüsche den Sturz aafgfangt und er hod sich weida nix brocha, bloß den kloan Zeha verstaucht, owa wer braucht den scho. Allerdings hamm eam de Dornen alle zwoa Augen zerstocha, und er war blind, des war echt beschissen.

Er is dann über drei Johr blind als Bettler im Land umeinandergrennt, weil hoamgfundn hod er aa nimmer zum Papa, der wo König war. Hoamkema is bloß sei Roos und hod bläd gschaut, owa song hods nix kinna, bloß wiehern. Und an Dolmetscher für rossisch hods ned geben, bloß für russisch.

So, und trotzdem is de Gschicht no recht guat ausganga.

Drei Johr, 144 Dog und 12 Stund nach dem Hupf ausm Turmfenster is er zufällig im Zumplgebirge an dera Hüttn vorbeikemma, wo d'Rapunzel mit ihre Zwillinge glebt hod. De Zwilling hods guade acht Monat nach dem Gfetz mit da Zauberin kriagt, es war a Bua namens Franz-Josef, sei Zwillingsschwester hod Flora ghoassn.

Wia er klopft hod an da Hüttentür, hod sie aufgmacht und eam sofort erkannt – ja klar, sie war ja ned blind, sondern er –, dann is eam um den Hals gfalln und hod gwoant vor Freid.

Und wia ihre Tränen aaf seine Augen tropft san, hod er plötzlich wieder gseng! Unglaublich, aber wahr! Es gibt einfach Sachen, die konnma ned erklärn. Zum Beispiel, warum de größten Rindviecher meistens de schönsten Frauen kriagn, des is aa aso a Sach. Owa des ghört jetza ned da her. Aaf jeden Fall hamm de zwoa dann gheirat, sie is Königin worden, er König, d'Flora Prinzessin und da Franz-Josef a Prinz. A Urururururenkel vom Franz-Josef is angeblich später dann in Bayern mords wos Mächtiges worn, owa nix gwiss woassma ned.

Rumpelstilzchen

Heitzudogs gibt's zwar haufenweis Müller, owa eher vom Namen her, vom Beruf her bloß no ganz weng. Früher, do hods no haufenweis echte Müller geben, berufsmäßige. De hamm Mehl gemahlen, als eigentlich hamms Korn gemahlen, des is dann a Mehl worn. Heit machen des Fabriken, Müllereien praktisch. De wo Schweine fabriziern, des san Schweinereien.

Damals, wias no berufsmäßige Müller geben hod, do hod amal aso a armer Müller a Tochter ghabt, de war brutal schee, also wirklich top! Figur, Frisur, Gsicht, Stimm, alles hod passt! So ähnlich wia's Schneewittchen hods ausgschaut, bloß anders.

Eines Tages is da Müller vor seiner Mühle aaf da Gredbenk gsessn und hod a Halbe trunka. Drin in da Mühle waar des nix gwen, weil do is allaweil da Mehlstaub am Bier draufgwen, des war ekelhaft.

Und wia er so dositzt mit sein Maßkruag, kimmt da König daher. Woass da Deifl, warum, eventuell wollt er einfach amal ausse vom Schloss und sei Ruah hom vor de ganzen Adelsgfrieser, de tagtäglich im Schloss umeinanderrenna und eam nerven.

Da Müller hod glaubt, sei Schwein pfeift, wia er den König gseng hod und glei gsagt: „Oläck! Welche Ehre, Herr König, dass Sie bei mir vorbeischaun! Mit dem hobi jetza ned grechnet!" Und da König hod gsagt: „Gott zum Gruße, du braver Müllersmann! Alles klar so weit? Oder passt wos ned?"

Und da Müller, vo Haus aus a bissl a Angeber, wollt so richtig am Putz haun und sagt doch tatsächlich zum König: „Mei, man schlagt sich halt so durch! Obwohl, i hob wos, des hod ned leicht oaner!"

„A geh", hod da König gsagt, „wos nacha? Etza machst mi neigierig!"

„I hob a Tochter, de konn Stroh zu Gold spinna!" Des war natürlich a Schmarrn, owa da Müller hod sich do nix denkt dabei, a Volldepp! So eine Schnapsidee! Wenn er gsagt hätt, er konn a Mass Bier aaf Ex saffa oder alle deitschn Bundeskanzler auswendig, des waar ja no ganga – owa Stroh zu Gold spinna, des is ja da volle Schwachsinn!

Owa da König is glei drauf ogsprunga, weil des hörtse scho guat o – Stroh zu Gold spinna, des waar die Lösung aller Finanzprobleme! Und Finanzprobleme hod a König aa, des drumm Schloss hoazn und de ganzn Diener zahln, obwohl de meisten bloß aaf 450-Taler-Basis beschäftigt warn, owa trotzdem! Kleinvieh macht auch Mist!

„Des is ja obercool!", hod da König gsagt, „woasst wos, schick mir dei Tochter vorbei, dann schauma amal, ob du mir ned d'Story vom Pferd erzählt hast!"

Normal hätt da Müller spätestens etza zuagem miassn, dass er glong hod, owa er hod dermaßen Angst ghabt, dass eam da König an Kopf kürzer macht, wenn er des hört, dass er zum Narren ghaltn wordn is vo eam.

Am naxtn Dog hod er eiskalt sei Tochter ins Schloss gfahrn und hod no oan Sack Mehl (Premiumqualität!) mitgnumma, dass eventuell da König gnädig gstimmt wird.

Owa da König hod des Mehl ned amal ignoriert, sondern sofort de Tochter in a Kammer gsperrt, do war a Spinnradl drin und a Haffa Stroh.

"So, auf geht's!", hod er gsagt, „etza spinn des Stroh zu Gold, owa komplett! Morgen in da Friah, wenn ned alles Stroh Gold is, dann hodsde!" Dann is er fort und hods hocka lassn mit dem ganzen Stroh und dem Spinnradl. Dogsessn is wia a Heiferl Elend, und sie war natürlich firte mit de Nerven, weil sie hod ja null Ahnung ghabt, wia des geht, Stroh zu Gold spinna! Abgesehen davon, es geht ja ned, des woass normal jeder, der a bissl a Hirn im Kopf hod und ned bloß a Stroh.

Sie is doghockt und hod gflennt wie ein Schlosshund, logisch, sie war ja im Schloss und ihr war hundeelend. Wias grad aso dahiflennt, is aufamal a kloans Manndl vor ihr gstandn, also wirklich total kloa, hässlich wia die Nacht und an Buckel hods aa no ghabt.

„Wos isen los, Müllerstochter", hods gsagt, „wos flennst denn wia a Hehn, dera wo's des Brot gstohln hamm?"

„Ach", hods gsagt, „i bin psychisch firte! Da König hod gsagt, i soll des ganze Stroh zu Gold spinna, weil mei bläda Voda des behauptet hod! I konn des owa ned, des konn kein Mensch! I kannt mein Voda massakriern, dauernd bringt er mi mit sein dummer Schmaaz in Schwulitäten!"

„A Mensch konn des ned", hod das Männlein gsagt, „owa i konns! I machs für di! Wos kriag i dafür, weil umasunst is da Tod!"

„Mei Halsband kriagst, des is a Erbstück vo meiner Oma, des is echt wos wert, stuckara 12 Taler, Minimum!"

Des Männlein hod des Halsband gnumma, hod sich an des Spinnradl gsetzt und um 5 Uhr 44 in da Friah war des ganze Stroh Gold, Wahnsinn! Und des Männlein war weg, schlagartig.

Grad no rechtzeitig, weil um 6 Uhr is scho da König dahergstiefelt im blauen Morgenmantel mit goldene Krönchen drauf. „Ja bluadiger Hehnerkrogn!", hoda gsagt, „des is ja unglaublich, du konnst des wirklich! Du, do daad i sogn: Spinn weida! Keep on spinning!"

Und am Abend hod er sie in a größere Kammer gsperrt, do war no mehr Stroh drin und hod gsagt: „Sodala, heit Nacht is des dei Job! Moang in da Friah will i

koa Stroh mehr seng, sondern bloß no Gold, dass des klar is! Wenn ned, dann krachts im Karton!" Und furt war er.

De Müllerstochter war, voll schockiert, weil da König so gierig war und is wieder dogsessn und hod gflennt zum Derbarma.

Und obstas glaubst oder ned: Des greisliche Männlein war mittndrin wieder do, hod den Haufa Stroh gseng und hod gsagt: „ Und wos daadst du mir geben, wenn i dir des Stroh aa zu Gold spinn? I hobs drauf, für mi is des koa Problem ned! Glernt is glernt!"

„Dann gib i dir meinen goldenen Ring", hods gsagt, „den hobi zum 16. Geburtstag vom Onkel Heinz kriagt, der is a Nebenerwerbsgoldschmied, hauptberuflich isa Hufschmied, da is mehr verdient!"

Des Männlein hod den Ring gnumma und schwupps, um 5 Uhr 44 war des Zimmer voller Gold und des Männlein furt.

Und dann? Genau, du wirst dirs scho denkt hom: Da König is wieder daherkema im Morgenmantel und seine Augen hamm glänzt vor Freid, owa aa vor Gier. „Etza lus!", hoda gsagt, „heit Nacht bring i di in mei allergrößte Kammer, und de is bis oben hi voller Stroh. Wenn du des bis moang zu Gold spinnst, dann heirat i di! Weil aso a goldige Frau, de hod ned jeder, und guat ausschaun duast aa no!"

Da Müllerstochter is himmelangst worden, und sie hod direkt scho ghofft, dass des Männlein wieder kimmt. Sie hod sich denkt: „Des wenn schief geht heit Nacht, dann is Schicht im Schacht, dann geht's dahi! Dann bini voll des Opfer!"

Und siehe da, sie is dringhockt, neba ihr des Spinnradl und des Stroh vo mindestens 3 Hektar, eher 4. Um zehne aaf d'Nacht wars Männlein no ned do und sie hod scho zittert an Händ und Fiass vor lauter Angst.

Dann, um 22 Uhr 14, hods an Schlag do und's Männlein is vor ihr gstandn, des war vielleicht a Erleichterung. „Do schau her", hod de Müllerstochter gsagt, „so einen Haufa Stroh hod mir da König herglegt, des soll alles Gold wern! Moanst, du kannst mir noml helfa? Heit waar echt des letzte Mal, weil dann heirat mi da König, dann bini sei Wei und dann hoben im Griff!"

„Aller guten Dinge san drei", hod's Manndl gsagt, „owa wos gibst du mir dafür?"

D'Müllerstochter hod Bluat und Wasser gschwitzt, weil sie hod echt nix mehr ghabt, wos eam geben hätt kinna. „Du", hods gsagt, „momentan hobi nix mehr. Owa wenn i Königin bin, dann spendier i dir a Schönheits-OP! Dann bist dein Buckel los, waar des wos für di?"

„Die Schönheits-OP konnst dir in d'Hoor schmiern, de brauch i ned. Etza bini 178 Johr scho mit mein Buckel unterwegs, der hod mi no nie gstört! I will wos Lebendigs vo dir! Versprich mir, dass du mir des erste Kind gibst, des du kriagst mit dein König, dann hilf i dir!"

Sie war so verzweifelt, dass eam des Kind versprocha hod. Insgeheim hods ghofft, dass a spätgebärende Königin wird und dass des Manndl derweil stirbt oder zumindest des Versprechen vergisst.

Ja, und dann war des Stroh am naxtn Dog wieder lauter Gold, und da König und de Müllerstochter hamm gheirat, wia ausgmacht. War mords a Hochzeit, Essen und Getränke frei, sogar Schnaps und Zigrettn – koa Wunder, bei so viel Gold waar i aa spendabel!

Und natürlich, wias da Deifl hom will, hods scho oa Johr später a Kind kriagt und hod sich denkt: „Uiuiuiui, hoffentlich kimmt der Gnom ned daher!"

Denkste, natürlich is da Gnom daherkema. „Sodala", hoda gsagt, „Adelheid, es is so weit! Gib mir dei Kind, owa flott!" Sie hod gar ned Adelheid ghoassn, des is bloß a Redewendung.

De junge Königin war firte aafs Leima und hod bitt und bettelt und eam Perlen und Diamanten und alles Mögliche angeboten, a Freikartn aaf Lebenszeit fürn Schilift und fürs Freibad, freie Kost und Logie im Schloss, an Gutschein für a Thai-Massage und no allerhand, owa's Manndl hod gsagt: „I will wos Lebendigs und aus, mit dein Schmarrn brauchst mir gar ned kema! Owa guat, weilst gar aso winselst: „Wenn du in de naxtn drei Dog erratst, wia i hoass, dann konnst dei Kindlein bhalten! Owa i sogs dir glei: Do segi schwarz, dunkelschwarz! Mei Nam is dermaßen krass, do kimmst du in 1 000 kalte Winter ned drauf!"

Dann hod de Königin alle Namen gsagt, de ihr eigfalln san: Erwin, Heinz-Rüdiger, Oierkopf, Alis, Hinz, Kunz, Wrdunz, Flipper, Bart Simpson, Dieter Bohlen, Fred, Gunkl, und allaweil hod des Manndl grinst und gsagt: „Nein, so heiß ich nicht!" Hundsgemein, oder? Owa des is ja bekannt: A Gnom hod koan Anstand, null!

Am zwoatn Dog hods in da ganzen Stod umeinandergfragt, wer seltene Namen woass und hods ihr aafgschriem, und aaf d'Nacht is's Manndl wieder kema und sie hod wieder alle Namen owabet, de ihr gsagt worden san: Zonk, Honk, Dreghamml, Wurschtzipfl, Wadlkrampf, Schwammerdusn, Maulaff, Kopierer, Fax, Max, Gwax, Dragomir, Wanzenhax, Stempelkissen, Frankenstein, Dick, Doof, Audi, nix hod gstimmt!

Des Männlein hodse köstlich amüsiert und jedsmal gsagt: „Nein, so heiß ich nicht!" Es war zum narrisch wern! Sie is allaweil verzweifelter worn, weil es war bloß no oa Dog übrig und dann waar des Kind futschikato gwen. Futschikato is japanisch und hoasst furt.

Am dritten Dog is da letzte Bote zruckgrittn kema, und sie hodna gfragt: „Und Kevin, host neie Namen ghört?"

„Des ned, Chefin", hoda gsagt, „owa wos Komischs hobi gseng. Stell dir vor, wia i gestern aaf d'Nacht durch so a Waldschlucht reit, es is scho a weng duster gwen, seg i rechts drin im Wald a kloans Heisl, davor hod a Lagerfeier brennt und ums Lagerfeier is a kloans Manndl ghupft. Brutal greislich, an drumm Buckel, owa sauguat drauf, wos mi ned wundert, weil in da Hand hods a halberte Flaschn Bluatwurz ghabt! Dann hods a Liadl gsunga, des is aso ganga, Schwachsinn eigentlich:

Heute back ich, morgen brau ich,
übermorgen hol ich der Königin ihr Kind,
ach wie gut, dass niemand weiß,
dass ich Rumpelstilzchen heiß!

Woass da Deifl, wos der Gnom graucht hod, aaf jeden Fall nix Gscheits ned. Weil oaner, der niachtern is, hupft doch ned um a Lagerfeier ume und singt an so an Kaas. „Heute back ich, morgen brau ich" – geht's no?

Du konnst dir denka, wos de junge Königin für a Freid ghabt hod, weil sie hod natürlich sofort gschnallt, wer des Manndl war.

Und aaf d'Nacht is wieder daherkemma, des Manndl, grinst bis zu de Ohrn hintere und hod gfragt: „Und, wia schauts aus? Woasst allaweil no ned, wia i hoass, oder?"

Dann hod d'Königin pro forma a poor Nam gsagt: „Hoasst du Gockerlhaxn?"

„Nein, so heiß ich nicht!"

„Hoasst du am End Devaude?"

„Hihi, neinneinnein, so heiß ich auch nicht!"

„Rumpelstilzchen hoasst ned, oder?"

Do hod des Manndl einen Schroa do, dass da Königin fast d'Ohrn platzt waarn: „Das hat dir der Teufel gesagt!", hods gschrian.

„Naa, da Kevin!", hod d'Königin gsagt und glacht.

Vor Zorn hod des Rumpelstilzchen sein rechtn Haxn bis zu de Oberschenkel in d'Erd eineghaut, dann hods mit de Händ den linken Haxn packt und hod sich selber in da Mitt auseinandergrissn.

„Schee bläd", hod sich de Königin denkt, „do waar a Freikartn für's Freibad gscheida gwen!"

Aschenputtel

Manchmal is aso, dass oan mittndrin schlechter geht als vorher, und man konn überhaupt nix dafür. In dera Gschicht, de i eich jetza erzähl, do wars aso. Owa koa Angst – ganz zum Schluss geht's dann doch guat aus!

Do war nämlich vor langer Zeit a Deandl, de hod a richtig scheens Leben ghabt. Da Papa war reich, d'Mama war nett und des Deandl is da Schatz vo ihre Eltern gwen, wia a Prinzessin hammses behandelt, und sie hod glaubt, des bleibt ewig aso. Von wegen! Oft kimmts anders, wiama moant. Muass ned sei, konn owa sei.

Eines Tages is nämlich ihra Mama krank worn, wos hoasst krank, sterbenskrank! Sie hod scho gar nimmer geh kinna und is den ganzen Dog im Bett glegn. "Kimm amal her!", hods zum Deandl gsagt, "i muass dir wos song!"

Des Deandl hod sich scho denkt: "Auwehzwick, des hört sich ned guat o!"

Und tatsächlich: D'Mama hod gsagt zu ihr: "Mit mir geht's dahi, i leb nimmer lang, da Herrgott wird mi bald holn, hilft alles nix! Wenn i nimmer do bin, dua immer schee brav bleiben und fleißig, gell! Weil wennma brav is, dann mog oan da Herrgott und dann hilft er oan aa, wenns amal ned aso lafft im Leben. I schau aaf jeden Fall vom Himmel aus aaf di owa und druck dir d'Daam, dass dir nix Schlimms passiert. Tu dich nicht hinab, wenns amal ned aso lafft, alles wird gut! I wünsch dir no a scheens Leben!" Und kaam hods des gsagt ghabt, is scho gstorm, tragisch war des.

Des Deandl war dermaßen traurig, des konn sich kein Mensch vorstelln. Jeden Dog is zum Grab vo da Mama higanga und hod gflennt, weils koa Mama mehr hod.

A knapps Johr später hod ihra Papa wieder gheirat. De neie Frau hod scho zwoa Töchter ghabt, de hamm zwar ned schlecht ausgschaut, owa de warn richtig bitterböse Weiber, gehässig bis zum Gehtnichtmehr und stinkert faul! Mei, do is dem Deandl vo da toten Mama schlagartig schlecht ganga!

Woasst, wos de greislichen Stiefschwestern zu ihr gsagt hamm?

„Dassdas glei woasst", hamms gsagt, „wennst du wos zum essen willst, dann muasst du dir des erst verdiena! Du muasst ab sofort waschen, putzen und kocha für uns, mir duama gar nix, weil des schad unserer Schönheit! Und dua no glei dei scheens Kleidl owa, des steht dir ned zua! Jetza samma mir de Chefinnen im Haus, mir und unser Mama! Jetza spieln mir de erste Geige!" Geige hamms natürlich ned gspielt, des sagtma bloß so.

Dann hamms ihr an dreckigen graua Kittel gem und hamm glacht, weil der Kittel unter aller Kanone ausgschaut hod, so grausam warn de!

Du wirst jetza song: „Ja wos, und ihra Papa? Hod ihr der ned gholfa?"

Ehrlich gsagt war des a totaler Lalle und hod sich gega de neie Frau null durchsetzen kinna.

Des arme Deandl hod den ganzen Dog schwaar arbeiten miassn, am schlimmsten war des Ausraama vo der kalten Asche aus dem Ofa. Des war eine Drecksarbeit, und sie hod danach allaweil ausgschaut wia a Kohln so schwarz und grintig. Dann hammses no ausgspott aa und hamm „Aschenputtel" zu ihr gsagt.

Wos a Puttel is? Woass i aa ned, owa nix Gscheits ned.

Und alles hamms ihr mit z'Fleiß do, dass no mehra Arbeit hod. Zum Beispiel hamms Erbsen und Linsen in de kolte Asche gworfa, de hod dann's Aschenputtel oanzeln wieder aussaklaubn miassn, es war wirklich ganz schlimm! A ewige Schinderei, zum Kotzen!

Und spät aaf d'Nacht, wenns endlich mit da ganzn Arbeit firta war, hods ned in a scheens Bett geh derfa wia de andern zwoa Gfrieser, sondern hod sich neben den Ofa in den Dreg einelegn miassn. I kannt flenna vor Zorn, wenni mir des vorstell, ehrlich, weil des is dermaßen ungerecht!

Eines Tages hod da Voda, da Lalle, gsagt: „Leit, i fohr in d'Stod, soll eich ebbs mitbringa?"

„Auja!", hod de erste vo de zwoa Gfrieser gsagt, „schöne Kleider möcht ich haben, lieber Vater!" So eine Schleimerin! „Lieber Vater" hods gsagt und „Depp" hod sie sich denkt. Und de ander hod gsagt: „Und ich möchte Edelsteine, owa echte!"

Dann hod da Voda's Aschenputtel gfragt: „Und wos magst du haben, Aschenputtel?" Sagt der zur eigenen Tochter Aschenputtel, des muasst dir amal vorstelln! A glatter Lalle, null Rückgrat, null Gspür für weibliche Gefühle!

Und's Aschenputtel, bescheiden wias war, hod gsagt: Papa, i möcht bloß a Zweigerl! Wennst irgendwo a kloans Zweigerl für mi abbrecha kanntst, des daad mi gfrein." Do segst amal, wos des für a anspruchsloses Deandl war! De andern zwoa schöne Kleider und Edelsteine und sie a Zweigerl.

Da Voda hod dann in da Stod für de Stieftöchter des Zeig kaaft, des sie wollten, und am Heimweg is er mitn Huat an einer Haselnussstaurn hänga bliem und hod a Zweigerl abbrocha, des hod er dann dem Aschenputtel mitbracht.

Und sie hod schee „danke, Papa" gsagt und hod des Haselnusszweigerl am Grab vo da Mama eipflanzt. Natürlich hods wieder flenna miassn, wias an de Mama denkt hod, und de Tränen san aaf des Grab gfalln und ham des Zweigerl gossn und bisma gschaut hod, is aus dem Zweigerl a scheener Haselnussstrauch worn.

Dreimal am Dog is zum Grab ganga und hod bet' und gflennt, und jetza pass aaf, jetza wird's direkt magisch: Aaf dem Strauch is a weißer Vogel gsessn, des war a Zaubervogel! Weil immer wenn sich des Aschenputtel wos gwünscht hod, hod der Vogel des im Maul ghabt und ihr gem, a Wurschtsemmel, an Müsliriegel, lauter so Sachen. Des hört sich etza o wia a glatter Schmarrn, owa des war echt aso! Und des wird no krasser, owa des kimmt erst später.

Wias früher oft war, hod eines Tages da König a Fest veranstaltet. Owa aus an bestimmten Grund! Sei oanziger Sohn, da Prinz Alfons, war scho 21 Johr und no unbeweibt. Des war damals besorgniserregend, weil d'Leit san bloß so umara 50 Johr alt worn, weil es hod no koa Kreiskrankenhaus und koa Antibiotikum gebn. Do wennst goldene Hochzeit feiern hast wolln, do hättst mit 0 scho heiratn miassn, und des is schwierig, is ja scho mit 21 ned einfach!

Also, zruck zum Aschenputtel: Es hod ghoassn, des Fest dauert drei Dog und alle scheena ledigen Deandln zwischen 14 und 18 vom ganzen Königreich (wia gsagt, damals isma ned alt worn) solln kema, dann suacht sich da Fonse (so hamm seine Freind zum Prinz Alfons gsagt) oane aus, de wo passt für a zukünftige Königin.

Weils no koa Zeitung und koa Internet gem hod, Facebook sowieso ned, hamm königliche Boten des verkündet, dass alle Untertanen wissen. Des is aso gloffa: Da Bote is am Dorfplatz higrittn, dann hoda gschrian wia a Ochs, dass alle Leit de Botschaft hörn. Bloß dass du woasst, wiama damals gred hod, erzähl i dir, wos der Bote gschrian hod, zerst hoda no an Kamülltee trunka zwecks da Stimm:

Ihro Gnaden, unser geliebter und gebenedeiter König Kurt der Kuriose gibt kund und zu wissen, dass sein hochlöblicher und romantischer Erst-und Einziggeborener, der ehr- und tugendsame Prinz Alfons in Erwägung ziehet, ein Weib sich zu nehmen. Der zu heiraten beabsichtigende Prinz Alfons ist Nichtraucher, Trinker, kaum sportlich und liebt Abende am Kamin, Laubsägearbeiten und Schafkopf. Jungfern, die heirats- und gebärwillig sind, mögen erscheinen zum Feste, das wo dauern wird drei Tage und drei Nächte und dessen Lokalität Schloss Zuchtlstein ist. Die interessierten Mägdelein sind angehalten, sich sauber zu waschen und zu parfümieren, um die Nase des geliebten Alfons nicht über Gebühr mit Gestank zu belästigen!

Dann hod er no täterääää mit da Trompetn blosn und is ab ins naxte Dorf, do hod er dann sein Schmarrn wieder gschrian. Wahnsinn, oder? Owa so wars damals!

Aaf jeden Fall hamm de bösartigen Schwestern vom Aschenputtel des aa ghört, weil sie san ja den ganzn Dog am Dorfplatz rumghängt und hamm chillt und Eis gfressn.

Sofort sans hoam und hamm zum Aschenputtel gsagt: „Dua uns kampln, dua unsere Schuah putzen und bügl unsere Kleider, owa hurtig! Mir miassma aaf Schloss Zuchtlstein, da Prinz Alfons suacht a Frau und deszweng is a drumm Fest! Do miassma hi und oane vo uns schnapptse den Prinz, weil mir samma de scheenern!"

Aschenputtel hod gfolgt, owa sie war voll traurig, weil sie aa aaf des Fest wollt, weil an echten Prinz wollts scho immer amal seng. Und da Fonse schaut ned schlecht aus, hods ghoassn. Ok, a hoorige Warzn hoda ghabt unter der rechten Achsel, owa de hodma ja ned gseng. Und gschiaglt hoda aa, owa des war damals chic.

Aschenputtel hod d'Stiefmuada gfragt, obs ned eventunell mitderf mit de Stiefschwestern zum Fest und zum Tanz, owa de hod gsagt: „Aschenputtel, wia hostas denn? Du mit dein grintigen grauer Schurz und deine zrupftn Hoor! Und voller Staub und Dreg bist, des geht doch ned!"

Owa's Aschenputtel hod so lang zuabenzt, bis d'Stiefmuada nachgebn hod. „Ok", hods gsagt, „dann machmas aso: I hob dir a Schüssel mit Linsen in de Asche vorm Ofa gschütt, dass dir d'Arbeit ned ausgeht. Wenn du de Linsen in zwoa Stund alle ausaklaubt host, dann konnst aaf den Ball geh!" Und denkt hod sich des Luader: „De schafft des nie!" Hundsgemein war de!

Dann, wia d'Stiefmuada weg war, is's Aschenputtel schnell zum Grab vo seiner Mama ganga, des war glei ums Hauseck ume, und hod zu den weißen Vogerln, de am Haselnussstrauch gsessn san, es warn Tauben, gsagt: „Bittebitte, ihr Turteltauberln, helfts mir beim Linsenausklauben! De guadn Linsen duats ins Töpfchen und de schlechten duats ins Kröpfchen – aaf deitsch gsagt, de wos nimmer so guat ausschaun, de kinnts fressen!" Weil a Taube is die Sau unter den Vögeln, de frisst fast alls!

Dann is wieder eine in d'Stubn und hod a Schüssel neba den Ofa higstellt und scho san mindestens 12 Vogerln einegflogn und hamm pip, pik, pik, de ganzen guadn Linsen in de Schüssel gworfa und de schlechten owegschluckt. Es hod ned amal a Stund dauert, dann warns firte und san wieder furt zum Haselnussstrauch.

„Do schau her, liebe Stiefmuada", hod's Aschenputtel gsagt, „alle Linsen ausklaubt! I daad dann zum Ball geh!"

„Aschenputtel, des geht doch ned!", hods gsagt, „du host ja nix zum Oziagn! Du machst di ja zum Deppen mit dem Outfit und mi dazua! Nix do, bleib dahoam!"

Dann hod's Aschenputtel bitterlich gwoant und wias gar nimmer aafghört hod, hod d'Stiefmuada gsagt: „Also guat, oa Chance host no. I schütt zwoa Schüsseln Linsen in de Asche vorm Ofa. Wenn du de in oaner Stund sauber aufklauben konnst, dann konnst mitkema!" De hod genau gwisst, dass des unmöglich is! I hob zwar no nie in mein Leben Linsen aus da Asche klaubt, owa i daad aa song, dass des ned geht!

So, und dann is gloffa wia vorher: Stiefmuada weg, Aschenputtel holt de Täubchen eina und pik, pik, pik, ned amal a halbe Stund, und da Kaas war gessn bzw. de Linsen ausklaubt.

Und wos sagt de Stiefmuada, de Matz, de elendige? De sagt, dass des Aschenputtel trotzdem ned mitderf, weils nix Gscheits zum Oziagn hod und weils am Ball alle über sie lacha! I kannts daschlagen, de dregfotzerte alte Schatulln! Entschuldige den Ausdruck, owa i werd do echt sauer, wenn a Mensch so gemein is!

Dann san d'Stiefmuada und ihre zwoa stinkfaulen Töchter ab zum Ball, mit Kutsche natürlich, man is ja zu bequem, dassma z'Fuass aaf Schloss Zuchtlstein geht! A bissl a frische Luft hätt de kaasigen Weiber ned gschad! Und es warn bloß 2,4 Kilometer, des is praktisch gar nix! Glei nach dem Haus links, dann gradaus bis Fingering, dann rechts, do war dann Zuchtlstein scho in Sichtweite.

Owa's Aschenputtel hod ja no ihra Wunschhaselnussbäumchen am Grab vo da Mama ghabt. Zu dem is higanga, hods kurz gstreichelt und hod gsagt:

„Bäumchen rüttel dich und schüttel dich, wirf Gold und Silber über mich."

Cooler Spruch, gell? Und jetza kimmt da Hammer: A großer Vogel hod aufamal a wunderscheens Kleid vom Baam owagworfa, des war goldern und sil-

ber, total stylisch und passt hods ihr wia ogossn, ausgschaut hods zum Zungenschnalzn, unser Aschenputtel, einfach wow!

Und ganz zarte Schuah san aa no vorm Grab gstandn, aus Seide, aa silbern und goldern, de warn genau ihra Größe, nämlich 36, fast scho in Richtung 35.

Dann is zum Ball. Ob ihr de Vogerln des Gsicht aa gwaschn hamm, woass i ned, aaf jeden Fall wars blitzsauber und nach Parfüm hods aa no gschmeckt – Bulgari oder Schanell Nr. 7, i kannts ned song.

Natürlich wars mit Abstand de Scheenste im ganzen Schloss Zuchtlstein. Da Prinz hod alle anderen steh lassen wia a sauers Bier und hod bloß no mitm Aschenputtel tanzt, und er war hin und weg. Ihre strunzbläden Stiefschwestern hamms ned erkannt, weils so schee war. Und sie hod aa übers Gsicht an ganz an zarten Schleier ghabt, den hods in da Taschn vo dem Kleid gfundn. Man hod nur ihre wunderscheena grünen Augen deutlich gseng.

Jede vo de Deandln, de am Ball warn, hod sich voller Zorn denkt: „Ja fix, wer isen des? Und warum is de so schee und i ned?" Des denken sich Frauen oft amal, owa de hammse des den ganzen Abend denkt.

Um kurz nach zehne wollt's Aschenputtel hoam, owa da Fonse hod gsagt: „I begleit di hoam!" Ghofft hod er natürlich, dass no a Schmuserei zammgeht, weil a Schlawiner war er scho. Owa bis er gschaut hod, war's Aschnputtel furt, und er is dogstandn wie da Buda in da Sun.

Am naxtn Dog des Gleiche wieder: Aschenputtel is ans Grab vo da Mama hi, hod den Spruch mit dem Bäumchen wieder gsagt und is wieder zum Ball, mit an Kleid, des war no scheener wia des erste, Wahnsinn, ehrlich!

Alle hamms groß und kloa gschaut, und da Prinz Fonse hod wieder bloß mit ihr tanzt, stundenlang! Alle andern Weiber hammse aaf d'Bappn auffehaun kina, null Chance hamms ghabt, weil gegas Aschenputtel warns Trampeln, alle!

„Desmal kimmts mir ned aus!", hod sich da Fonse denkt, gamsig wara wia no wos. Owa kurz nach zehne war's Aschenputtel scho wieder furt, mit folgendem Trick: Sie hod gsagt, sie muass dringend bieseln, weil sie hod scho drei Mangoschorlen und oan Cappuccino, des treibt gewaltig. Dann is ausse und nimmer eine – schlau, ha?

Owa ganz bläd war da Fonse aa ned: Er hodse scho so wos denkt, dass sich de wieder aus dem Staub macht, und hod de Treppn vom Schloss Zuchtlstein mit Pech ogstricha. Und wia's Aschenputtel de Treppn do owegrennt is, is oa Schuah vo ihr bickad bliem.

So, etza hoda den Schuah ghabt, a wunderscheena Seidenpantoffel, Größe 36 mit Tendenz zu 35.

„Der wo dera Schuah passt wia ogossn, de is!", hoda gsagt, „de heirat i und koa andere!"

„Dann suach amal!", hod Kurt der Kuriose gsagt, sei Voda, „viel Glück bei da Suacherei, einfach wird des fei ned!"

Es war a reiner Zufall, eventuell hod owa aa da guade Geist vo da toten Mama wos beeinflussst man woass ned, owa glei am ersten Dog is er ins Haus vo da Aschenputtel ihrem Voda einekema. De zwoa strunzblädn Schwestern hammse gfreit, weils gmoant hamm, der Schuah passt und dann wird oane von eana Königin und Frau Fonse.

De erste is mit dem Schuah inklusive Muada in ihra Kammer, owa der Schuah war z'kloa, sie is ums Verrecka ned einekemma, da große Zeha hod sich gspreizt.

„Hau den Zeha weg!", hod d'Muada gsagt, „so wichtig is der ned! Und a Königreich gega an großen Zeha, des is koa schlechter Deal ned!"

Und du wirstas ned glauben: Des Rindviech hod sich echt den Zeha abghaut! Wia da Mensch wern konn, wenn er Königin wern möchte, is unglaublich. Dann hods natürlich bluat wia d'Sau, owa ohne den großen Zeha hod da Schuah passt.

Da Fonse, liebesblind, war begeistert, hods aaf sei Roos gsetzt und is mit ihr in Richtung Zuchtlstein grittn.

Owa jetza kimmts: Wias an dem Grab vo da Mama vorbeigrittn san, hamm de Tauberln vom Haselnussstrauch owagruafa:

Ruckidikuh, ruckidikuh
Blut ist im Schuh.
Der Schuh ist zu klein,
die rechte Braut sitzt noch daheim!"

Da Reim war schwach, owa da Inhalt richtig!

Da Prinz hod aaf den Fuaß vo da strunzbläden Schwester higschaut und des Bluat gseng, hod des Roos umdraht und de Betrügerin hoambracht.

„Des is de falsche", hoda zur Muada gsagt, „des Horn hod sich den Zeha abghaut, dass da Schuah passt! Duats mi fei ned verarschen, des sog eich! Wo isen de ander Schwester? De soll den Schuah probiern, auf geht's!"

65

Dann is de ander Schwester mit Schuah und Muada in ihra Kammer und hod probiert. Bei dera hätten zwar de Zeha einepasst, owa hinten hods gfehlt, de Fersn war zu plump.

Dann hod de brutale Muada gsagt: „Pfeif aaf des Stückerl Fersn! Do host a Messer, schneid a Drumm ab und dann passt de Sach!"

Des hods tatsächlich do, weils genau so karrieresüchtig war wia ihre Schwester, dann hod da Schuah passt, allerdings wars wieder a bluadige Gschicht, desmal vo hint her, vo da Fersn.

Da Fonse, allaweil no liebesblind und stockgamsig, hod des wieder ned gschnallt, hod glaubt, des is sei Traumfrau und is ab mit ihr.

Am Grab vo da Mama wieder des gleiche Spiel wia bei da andern, „Ruckidikuh, Blut, Schuh" usw.

„Ja kruzenäznalleluja", hod sich da Fonse denkt, „schee staad hob i d'Schnauzn voll! I suach a Braut und find bloß bluadige Haxn! Des gibts doch ned! Habts ihr no a Deandl?"

„Ja scho", hod da Voda vom Aschenputtel gsagt, „owa de konns ned sei, des is unmöglich, dass dir de gfallt! De strotzt vor Dreg und hod allaweil bloß an grauer grintigen Kittel an! Wos daad de mit dem Gwams aaf dein Ball? Unmöglich!"

„Hols her!", hoda da Fonse gsagt, „sunst lassi eich ganze Bagasch in Turm eisperrn! Mir glangts heit eh scho mit dera Verarscherei! I bin a Prinz und koa Haumdaucher, kreizbirnbaam!"

Dann hamms des Aschenputtel gholt, de hod sich vorher no's Gsicht gwaschen mit Kernsoafa und dann hods an Knicks gmacht vorm Fonse (den hamm übrigens de zwoa strunzblädn Schwestern ned gmacht, weils koan Anstand ghabt hamm, Hirn sowieso koans), hod den schwaarn Holzschuah owado und den Seidenpantoffel ozogn und passt hoda wia ogossn.

Da Fonse hod ihr diaf in de grünen Augen gschaut, dann hodas erkannt und hod gsagt: „De is, de is! Du bistas! Mit dir hobi tanzt, nur mit dir, stundenlang, jetza kimmtsma wieder! Du wirst mei Braut und nur du!" Do sans dogstandn, de andern zwoa mit de bluadigen Haxn und hamm gschaut wia a Uhu!

Da Fonse hod's Aschenputtel aaf sei Roos gsetzt und is mit ihr ab Richtung Zuchtlstein. Und wias am Grab vo da Mama vorbei san, hamm de Täubchen gruafa:

Ruckidikuh, ruckidikuh,
kein Blut ist im Schuh.
Der Schuh ist nicht zu klein,
die rechte Braut, die führt er heim!

Tja, is guat ausganga de Gschicht!

Für's Aschenputtel, für de andern weniger. De wollten den Täubchen den Krogn umdraahn, weils dem Aschenputtel gholfa hamm und sie deszweng den Fonse ned kriagt hamm. Owa de Täubchen hamm sich denkt: „Warts no, ihr strunzblädn Weiber, eich zoangmas!"

Dann hamms eana d'Augen aussapickt, pik, pik, pik und sie warn blind! Des hamms ghabt davo! Jetza kinnans ned amal mehr de Gschicht lesen, owa de daad eana eh ned gfalln, weils ned guat wegkema in dera Gschicht, gar ned guat! Ich hoff, dir hod de Gschicht gfalln – also mir scho!

Das tapfere Schneiderlein

Es war a richtig scheener Sommermorgen: D'Vögl hamm gsunga, d'Sun hod fürs Fenster einagschiena, d'Luft war sauber, weil Autos hods no ned geben und d'Kinder hamm draußen aaf da Straß Fangerless und Versteckerless gspielt und miteinander gred', weil Handys für SMS hods aa no ned geben.

Genau an dem Morgen is a Schneiderlein (eigentlich wars a Schneider, owa er war no hübsch jung und a schmächtiger Mensch, drum hodma „Schneiderlein" zu eam gsagt) guatglaunt am Fenster ghockt und hod genäht. Des is eigentlich klar, is ja sei Job!

Und wia er so dahinäht, hört er draußen a Bauersfrau schrein: „A guats Mammalad hätt i, a einsA Mammalad! Wer braucht a Mammalad? Oa Pfund bloß 500 Gramm! Voll biologisch!" Des war als Witz gedacht, des mit dem Pfund, do wollts a guade Laune verbreiten. Weil wenn da Mensch a guade Laune hod, dann kafft er eher wos. A Grantler kafft nix!

„Kimm auffa zu mir, Bauersfrau, i hätt Interesse!", hod's Schneiderlein gschrian.

De Bauersfrau is mit ihrem schwaarn Korb de ganzn 81 Stufen zu dem Schneiderlein seiner Bude auffegschnauft und hodse denkt: „Noja, er wird nacha scho gscheit eikaffa, dass sich de Schinderei rentiert!" Denkste, Puppe! „40 Gramm Zwetschgenmammalad!", hoda gsagt, dürfen aa 45 sei, heit is scho wurscht!" De Bauersfrau hod eams geben, hod ihre 12 Kreizer kassiert und is grantig de 81 Stufen wieder owagstapft. „Depp!", hod sie sich denkt, owa 's Schneiderlein hod a mords a Freid ghabt mit seine 40 Gramm Zwetschgenmammalad und hods glei aaf a Scheim Brot auffegstricha.

Dann hod er weidagenäht, weil er wollt no a weng warten aaf den Supergenuss.

Des Mammalad war natürlich bappsiass, und des hamm de Fliagn in dera Stuben und natürlich aa de vo draußen gschmeckt und bis er gschaut hod, san scho a paar aaf sein Brot omghockt. Vier warn weiblich, weil de hammse ned entscheiden kinna, obs a Mammalad essen sollen oder ned, zwecks der Kalorien. Do san Fliagnfrauen wie Menschenfrauen.

„Hauts ab, Fliagndeifln, greisliche!", hoda gsagt und hods mit da Händ weggscheucht. Owa de Fliagn warn lästig wia … wia … wia d'Fliagn und san nimmer vo dem Mammalad owaganga.

Do hodna da Zorn packt und er an nassen Lappen und hodna aaf des Brot und de Fliagn draufghaut, zackbumm! Und wia er den Lappen wieder in d'Höh ghobn hod, hod er de Fliagn zählt, de wo de Aktion ned überlebt hamm: Sage und schreibe 7 warn tödlich verstorben!

„A Hund bine scho!", hod des Schneiderlein zu sich selber gsagt, „schad, dass des koa Sau gseng hod, wia i de 7 am Schnalz daschlagen hob, ewig schad! Obwohl, i kannt ja …"!

Dann hod er sich an Gürtel genäht und do hod er draufgstickt „Sieben auf einen Streich!" und den hod er umgschnallt, dass alle in der ganzn Stod lesen kinna, wos er für a Hund is.

„Obwohl", hod er wieder zu sich selber gsagt, „wos hoasst do de ganze Stod, de ganze Welt soll des wissen, wos i für a eiskalter Killer bin! 7 aaf oan Schlag, des wird no ned oft vorkemma sei! Schluss mit dera armseligen Schneiderei, i hau ab in die große weite Welt! Straubing, eventuell no weida!"

Er wollt sich no a Brotzeit mitnehma, hod owa bloß in da Speis an oltn Kaas gfundn und hodna eigschobn in sei Joppntaschn. Dann is er ausse von da Stubn, vom Haus und von da Stod. Am Ortsausgang hod er an Vogel gseng, der hod sich im Gstrüpp verhängt ghabt. Der hod eam leid do, er hodna befreit und zum Kaas in d'Joppn gsteckt. Der Vogel wird momentan aa d'Luft anghaltn hom, weil der Kaas wird hübsch gstunka hom!

Jetza wirst du dich fragen: „Ja wos, war der jetza tierlieb oder brutal? Zerst daschlagt er 7 Fliagn, dann rettet er an Vogel? Wia des?"

Des is einfach erklärt: Da Vogel konn schee singa, owa d'Fliagn konn überhaupt nix, bloß nerven und's Mammalad zammfressn, des is da Unterschied.

So, dann war er draußen von da Stod, dann is er schneidig (logisch, war ja a Schneider) weidaganga, Richtung große weite Welt, des war zerst gradaus, dann links. Weil rechts is nach Hinteroberhuglharting ganga, des is ned de große weite Welt, des is a Kaff, 4 Heiser und 5 Misthaffa, sunst nix.

Er war scho guat sechs Stund unterwegs, do is er aaf an Berggipfel kema. Wos hoasst Berggipfel, es war eher a Hugl, so umara 732 Meter überm Meeresspiegel. Om am Gipfel war a Wies und da is a Riese durtghockt und hod bläd gschaut. Mei, konn passiern, mir is des allerdings no nie passiert, dass i an Riesen triff, der bläd schaut. Leit, de bläd schaun, hob i scho oft troffa, owa des warn koane Riesen ned.

's Schneiderlein hod freindlich gsagt: „Ja hawedere, olte Wurschthaut! Was geht ab, langer Lulatsch? Hockst do und schaust dir d'Landschaft o, ha? Hä, i geh grad in die große weite Welt, duast mit?"

Da Riese hod sich denkt: „Hä? Wos will denn der aafgstellte Mausdreg? Kimmt daher und quatscht mi do bläd o!" Dann hoda gsagt: „Wia bistn du drauf? Host du ned alle Latten am Zaun? Schau, dass du Land gwinnst, du abbrochenes Pommes du! Du bist grad amal so hoch wia a Saustalltürl, owa frech wia Oskar!"

Owa des Schneiderlein hod null Respekt ghabt vor dem Riesen, Angst sowieso ned! „Etza pass amal aaf!", hoda gsagt, „bloß dass du segst, wo da Wind hergeht, du sprechendes Übergwicht, du Maibaam mit Gschwollschädl!"

Dann hod er sei Joppn aufgnöpfelt, und da Riese hod laut glesn, wos auf dem Gürtel obngstandn is: „Sieben auf einen Streich!" Er hod natürlich gmoant, da Schneider hod 7 Menschen erledigt und ned 7 Fliagn. „Hoirausch!", hod er sich denkt, „der is stärker, wia er ausschaut! Dann schauma amal, wos er drauf hod!" Da Riese hod an Stoa gnumma und hod den mit seiner drumm Pratzn dermaßen zammdruckt, dass 2 – 3 Tropfa Wasser aussatropft san. Aus an Stoa, des muasst dir amal gem!

Und wos macht unser Schneiderlein? Sagt eiskalt zum Riesen: „Ey, ned schlecht, Kumpel! Owa es geht besser! Etza pass aaf! Sehe und staune! Look and learn!" Dann hod er den alten Kaas aus da Joppntaschn aussa, der war scho so schimmlig, dass er ausgschaut hod wia a grauer Stoa. Den hod er zammdruckt, dass da Soft aussatropft is. „Do schaust, ha?", hod's Schneiderlein gsagt, „do hauts dir's Ventil aussa ausm Pneu!"
Pneu, so hodma früher zum Reifen gsagt.

Da Riese war total perplex und hod momentan echt ned gwisst, wos er sogn soll. Guat, er war rhetorisch eh ned grad a Kapazität, Riesen san ja bekanntlich eher einfach gstrickt hirnmäßig, owa nach dem tropferten Kaas hods eam echt d'Sprach verschlagen.

Dann is eam wos eigfalln: Er hod an Stoa aufghoben und hod den in d'Höh gworfa, so hoch, dassman grad no gseng hod. Es hod ungefähr 12,12 Sekunden dauert, bis der Stoa wieder gland is aaf da Erd. „Hut ab!", hod des Schneiderlein gsagt, „koa schlechter Wurf ned! Owa da Stoa is halt wieder gland, des is des Manko. I wenn oan wirf, dann is do a Schwung dahinter! Der landet nimmer, do konnst oan drauf lassen! Mei, 7 auf einen Streich, des lasst ned aus!"

Und wos duats, des Schneiderlein? Genau, nimmt den Vogel aus da Joppentaschn, und wirftna in d'Höh. Da Vogel gfreit sich wia d'Sau über sei Freiheit und fliagt weg und gseng hammsna nimmer.

„Und wos sagst jetza?", hod da kloa Schneider zum großen Riesen gsagt.

„Äh, ok, werfa konnst ned schlecht", hod da Riese gsagt, „owa jetza schauma amal, ob du aa wos Schwaars tragen konnst! Do wirst spitzn!"

Dann is er mit dem Schneiderlein zu an riesigen Oachbaam higanga, den da Sturm umgrissn hod. Der Baam war mindestens 30 Meter hoch, eher 31.

„Wennst so stark bist, wia du duast, dann hilf mir, den Baam ausm Wald ausse zum tragen!"

„Okidoki", hod's Schneiderlein gsagt, „nimm du vorn beim Stamm und i packna hintn bei de Äst, weil des is schwieriger. Logisch, weil Stamm hoda bloß oan, owa Äst hoda jede Menge, de san natürlich schwaarer!"

Da Riese, dumm wia a Gelbe Ruam, hod den Schmarrn glaubt und den Stamm aaf sei Schulter gwucht, des Schneiderlein hod sich hinten aaf an Ast ghockt und da Riese hod den Baam samt dem Schneiderlein alloa aus dem Wald aussagschloapft. Und wos da Hammer war: Da Riese hod gschnauft wia a Haflinger und gschwitzt wia a Ochs und des Schneiderlein is aaf dem Ast ghockt und hod ganz gmiatlich a Liadl pfiffa, i glaub, es war

„Atemlos" vo da Helene Fischer, eventuell aa „Dieser Weg wird kein leichter sein" vom Neidu Xaver, owa genau woasses ned.

Nach 144 Meter hod der Riese nimmer kinnt und hod den Baam falln lassn, kurz bevor er umschaun hod kinna, is da Schneider vom Ast owaghupft und hod aso do, als hätt er den Ast tragen.

„Mei liawa, du bist ned fit! Du sollterst amal a Belastungs-EKG macha!", hoda zum Riesen gsagt.

Do konnma bloß song: Frechheit siegt! So ein kecker Hundskrippl, ha? Da Riese, wia gsagt, dumm wia a Gelbe Ruam, hod echt gmoant, der Schneider is so stark und hodse denkt, dass so a starker Kumpel ned schlecht waar und is mit eam weidaganga – wia zwoa echte Freind sans dahimarschiert.

Dann sans an an Kerschbaam vorbeikema, da Schneider hod gsagt, dass a poor so knackige Herzkerschen ned zwider waarn, da Riese hod de Krone vo dem Baam owabong bis aaf d'Erd, weil do san de zeitigsten Kerschen gwen. Da Schneider hod oan Zweig gnumma und wollt a Kersch owazupfa. Und wia der Riese den Baam auslasst, schnellts den Ast, wo da Zweig dran war, in d'Höh und da Schneider fliagt wia a Federball in d'Luft und wieder owa.

Do hod da Riese gsagt: „Mei liawa, für oan, der sieme aaf einen Streich kalt gmacht hod, bist owa hübsch schwach aaf da Brust, ned amal den Zweig konnst halten, Schwächling, haudiger!"

„I bin bloß über den Baam ghupft, weil do rechts hinten in dem Busch is a Ganov gsessn und hod aaf mi gschossn! Probiers, ob du aa über den Baam hupfa konnst!"

Des hod da Riese natürlich ned kinnt und er hodse denkt: „Ja krummenäsn, is jetza der wirklich so guat oder duat der bloß aso? Des werma nacha scho seng!"

„Woasst wos, wennst du wirklich aso a tapferer Hundling bist, dann kimm mit in unser riesige Riesenhöhle, du passt zu uns! Du konnst mit unserer Bande mitmacha!"

's Schneiderlein is mit und hod ned schlecht gstaunt, wia er in da Höhle no zwoa Riesen gseng hod bei an Lagerfeier, des war so groß wia a Doppelgarage – und jeder hod a ganz Schof gfressn, Wahnsinn, a ganz! Alloa! 's Schneiderlein hod bloß a Bärlauchsupperl gessn und dann is miad worn. De Riesen hamm eam a Bett zoagt und gsagt, er soll sich einelegn. Owa des Bett war um zwoa Meter z'lang, weil des war a Riesenbett, und drum hod sich des Schneiderlein bloß ins Eck vo da Höhle am Boden higlegt, weil es war ned kolt do drin. Is logisch, bei dem drumm Lagerfeier!

De drei Riesen hamm no gsuffa wia d'Ochsen, Wein direkt aus dem Fass, also wirklich ohne Tischmanieren, wia de Sei, i konns ned anders song! Kopperer hamms do, dass d'Wänd gwackelt hamm, brutal. Oaner hod gsagt. „Zefix, i hob wos zwischende Zähn, des druckt dermaßen!" Dann hod er mit dem Fingernagel zwischen de Zähn bohrt und wos aussazong – wos glaubst wos? An kompletten

Schofkopf! Unglaublich, aber wahr! Er hod sich dann mit an Fass Bier sei Maul ausgspült, falls irgendwo no a Schofkopf hängt und war darum der erste Schofkopfspüler der Welt.

Umara Mitternacht hod oaner vo de Riesen, der hod Karl-Heinz ghoassn, gsagt: „Etza daschlag i den Krippl!" und hod mit einer drumm Eisenstang des Bett in da Mitt durchghaut, dass gstaubt hod. Natürlich hamma alle drei gmoant, des Schneiderlein is hi und hamm ihren Rausch ausgschlaffa. Gschnarcht hamms, wia wenn 20 Mann mit Motorsägen an ganzn Wald absageln daadn, dem Schneiderlein hätts bald d'Ohrn zrissn. Er hod sich dann a Boindl vom Schof in jeds Ohrn gsteckt, dann is ganga.

Am naxtn Dog san de Riesen in Wald ganga und wolltn sich zum Mittagessn zwoa, drei Hirschen fanga, mittndrin kimmt's Schneiderlein daher, pfeift „La Paloma" und sagt: „Moinmoin, die Herren! Alles klar so weit? Alles fit im Schritt? Alles gut im Hut? Alles warm im Darm? War er kurz, der Furz? Alles gsund im Mund? Hoffentlich nix hi im Knie!" Den vollen Schmarrn hod er aussaghaut!

De Riesen hätt bald da Schlag troffa! De hamm gmoant, des geht nimmer mit rechten Dingen zua, zerst daschlagens eam, dann kimmt er bumperlgsund daher, des muass a Zauberer sei oder wos, nix wia weg! Dann sans im Riesengalopp davo, dass da ganze Wald zittert hod und d'Maulwürf aaf da Wies aus de Löcher gflong san.

Da tapfere Schneider (ha-ha, tapfer war er gar ned, bloß schlau) is weidaganga und am Zaun vom Königsschloss is er miad worn und hod sich higlegt und is aa glei eigschlaffa. Dann san Diener vom König daherkema, do wollten grad oane raucha, weil drin im Königsschloss war Rauchverbot (damals scho!). Dann hamms aaf sein Gürtel glesn „Sieben auf einen Streich" und hamm sich denkt „oläck, wos will der brutale Killer bei uns? Des miassma sofort dem König song, owa zerst rauchma firte!"

Gesagt, getan! Nach der Dampferei sans eine zum König und hamm eam des erzählt von dem Brutalo, der draußen am Zaun pennt. Da König hod gsagt: „Holts den eina, owa sofort! So oan konn i immer braucha! I hob dermaßen viel Feinde und Neider, i brauch a Security, der passert perfekt!"

Dann hod er des Schneiderlein als Leibwächter eigstellt, drei Monat Probezeit, Kost und Logie frei, zerst amal aaf 450-Taler-Basis.

Jetza wars owa aso, dass der König scho a Leibwache ghabt hod, lauter Hamperer, ehrlich gsagt, den ganzn Dog hamms nix zum dua ghabt, bloß bläd dahergred hamms – und graucht. Natürlich verbeamtet mit Pensionsanspruch, eh klar! De warn total eifersüchtig aaf den Schneider und hamm gsagt: „Chef, hau den Knallkopf davo, den brauchts ned!"

Da König hod sich owa ned traut, weil er allaweil an des „Sieben auf einen Streich" denkt hod. Er hod befürchtet, dass des

Schneiderlein ausflippt, wenn er eam kündigt und vor Zorn glei a poor daschlagt, wenns dumm geht, eam selber.

„Machmas liawa aso", hod er gsagt, „gebma eam an Auftrag, den er ned überlebt, dann samman los und hamm des Problem elegant gelöst!" „Sehr gut, Chef!", hamm de andern Leibwachen dem König higschleimt, „sehr, sehr gut! Und wos für an Auftrag? Ebba den mit de Riesen, ha? Des waar doch wos!"

„Genau!", hod da König gsagt, des is cool! Kammerdiener Efraim, hol er den brutalen Kerl herein!"

Da Efraim war aso a Art Hausl. Er hod des Schneiderlein gholt, und da König hod gsagt: „Mein lieber tapferer Held! Ich habe einen Auftrag für dich! In meinem Reiche treiben zwei Riesen ihr Unwesen, die zünden Bauernhöfe an, fressen ganze Ställe leer und erschlagen Leute, dauernd! Wenn du die Riesen besiegst, gebe ich dir meine Tochter zur Frau und mein halbertes Königreich! Du kriegst 100 Soldaten mit zur Unterstützung! Tätest du dir dieses getrauen?"

„Hey, König, i hob 7 auf oan Streich erledigt, dann wernd mir zwoa so Gschwollköpf Angst macha? Vergiss! I erledig de Sach und de 100 Soldaten konnst in da Pfeifa raucha, de brauch i ned, nix für unguat!"

Dann is er ausse in den Wald und scho nach 120 Minuten (oder warns 2 Stund? – kannt aa sei) hod er de zwoa Riesen gseng. De san aaf da Waldwiese gleng und hamm pennt. Er hod sich aaf an Baam gsetzt, der war ungefähr 18 Meter vo de Riesen weg, vorher hod er etliche Stoana in sei Jackentaschn eingsteckt.

Dann hod er aaf den linken Riesen an Stoa gworfa, genau aaf's Hirn. Der is natürlich wach worn, hod den andern auffeghaut und gsagt: „Spinnst du? Wieso wirfst du mir an Stoa aaf's Hirn, du Riesendepp du?"

„I wars ned", hod da ander gsagt, „ehrlich! Vielleicht da Wind?"

„Da Wind! Host du scho amal gseng, dass da Wind an Stoa rumwaht? Reiss di bloß zamm!", hod da linke wieder gsagt, „reiss di bloß zamm!"

Dann hamms wieder weidadöst. Kaam hamms döst, hod's Schneiderlein dem rechten Riesen an Stoa higworfa, genau aaf d'Nosnspitz.

Dem san glei d'Augen überganga und er hod den linken Riesen mit da Faust oane ins Gsicht eineghaut, aso isa daschrocka. „Spinnst du vom Boa weg?", hoda gsagt, „i hob doch grad gsagt, i war des ned! Und trotzdem haust du mir an Stoa aaf d'Nosn! I glaub, di hamma nimmer lang! Einmal noch, dann hau i dir oane owa, dass deine Zähn Klavier spielen, des sogi dir! Einmal noch!"

„Ja harrgottseiten, i hob dir doch koan Stoa aaf d'Nosn ghaut, Rüdiger! (etza wissma wenigstens den Nam vo oan Riesen) Warum sollt i des dua? Mir samma doch Kumpl! Owa gell, oamal wenn du mi noml so ins Gsicht haust, dann is mit da Freindschaft aus! Spinnst du oder wos?"

„Wenn do oaner spinnt, dann du!", hod da ander gsagt und dann hamms saugrantig weidadöst.

Und wos duat des Schneiderlein? Wias wieder döst hamm, hods zwoa Stoana vo da Joppntaschn aussa und jedem vo de Riesen oan aufs Auge gworfa, mit voller Wucht.

De Riesen san wia vo da Tarantel gstocha in d'Höh, jeder hod an Baam ausgrissn und dem andern am Schädl ghaut, dass's Holz gsplittert is. Ned bloß's Holz, da Schädl aa, de san alle zwoa maustot umgfalln. Mit an bluadigen Kopf hods da Schneider liegen lassen, is zruck ins Schloss und hod zu de Soldaten gsagt. „Auftrag erledigt, war eher a kloane Sach! Draußen im Wald liegens, de zwoa Haumdaucher!"

De Soldaten hamm des ned glaubt und san in Wald aussegrittn, dann hamms de Riesen liegen seng. Dann sans zruck und hamm dem König des berichtet. „Ja heilige Muada Anna!", hod der gsagt, „hod der des tatsächlich gschafft! I konn doch dem Banditn ned mei Tochter gem und mei halbes Königreich! Holtsna her, zenalln! Als hätt i ned eh scho gnua Probleme! D'Ritter wolln a Lohnerhöhung und mei Wei hod Verstopfung! Und jetza des aa no!"

Da Schneider is gholt worn und da König hod gsagt: „Luse er mir zu! I hob no an Auftrag für di. Bevor der ned erledigt wird, hod die Heiraterei koan Sinn nicht, weil des Königreich zu unsicher ist. Draußen in den Wäldern haust ein furchterbares Einhorn, fast niemand mehr getraut sich in die Wälder vor lauter Angst. Wenn du dieses erlegst, dann ist meine Tochter und mein halbes Königreich dein!"

„Alls klar", hod des Schneiderlein gsagt, „wird erledigt! Tschau derweil, cu!"

Dann is in d'Wälder und hod gschrian: „Hä, Einhorn! Wo bist denn? Host Angst oder wos? Übrigens, falls du dei Muada suachst, de hobi gschlacht und 1212 Rosswürscht draus gmacht! De warn ned schlecht!" Des hod natürlich ned gstimmt, owa er wollt des Einhorn reizen.

Owa des Einhorn hod sich ned blicka lassn. Er hod zwar irgendwos schnaufa hörn, owa des war no z'weit weg im Busch drin.

„Und wennst dein Voda suachst, den hobi aa gschlacht, den alten Klepper! Den hamma ausgstopft, der is etza a Karusellpferd! Ohne Horn natürlich, weil des hod d'Unfallversicherung verboten! Du, der rennt jetza am Jahrmarkt ständig rundum und schaut bläd, logischerweis, weil er is ja hi! I trau mir wetten, dass du aa so bläd schaust, da Apfel fällt nicht weit vom Pferd!"

Des war zviel für des Einhorn, weil sei Voda war sei Ein und Alles! Im Galopp is aus dem Gebüsch aussa, vor Zorn hods direkt Schaum vorm Maul ghabt und in einem Affenzahn is aaf des Schneiderlein zuagrast. Des Schneiderlein hod sich owa mit z'Fleiß vor an dicken Baam higstellt und erst im allerallerletzten Moment is aaf d'Seitn gsprunga und des Horn vom Einhorn hod sich 28 cm diaf in den Stamm einebohrt und aussabracht hodses nimmer. Da Schneider hod dem Einhorn an Strick um den Hals ghängt, dann hod er mitana Axt des Horn abghaut und hods Einhorn als ganz normals Roos ohne Horn dem König bracht. Der hod groß und kloa gschaut und hod sich denkt: „Ja sog amal, des gibt's doch ned! I hätt gwett, dass des Einhorn den aafspießt und ned er des Einhorn! Jetza wird's langsam eng für mei Tochter und mei Königreich, gscheit eng!"

Dann hoda zum Schneiderlein gsagt: „ Hut ab, des mit dem Einhorn war erste Sahne, echt! Mutig und tricky, so mag ich das! Aber bevor du mei Tochter heiraten darfst, musst du noch eine Aufgabe lösen, die ist im wahrsten Sinne des Wortes saumäßig schwer! Denn im Wald draußen, da haust eine Wildsau, die richtet großen Schaden an, frisst den Rehlein und den Hirschen alles weg und kommt in der Nacht heraus auf die Felder meiner Bauern und verwüstet diese! Diese Wildsau fange mir, dann übergebe ich dir mein Töchterlein, die liebe Schantall-Gunda, und ein halbes Hähnchen!"

„Wars ned a halbes Königreich, Herr König? I moan bloß!"

„Ach ja, natürlich! Hach, ich hatte mich versprochen bei meinem Versprechen! Wie peinlich! Meine Tochter und mein halbes Königreich, das soll dein sein, wenn du die Wildsau fängst!"

„Aller guten Dinge san drei"; hod des Schneiderlein gsagt, „de Sau, de hamma glei!"

Er is ausse in den Wald und ned lang hods dauert, da hod er d'Sau scho grunzen hörn. De hod dermaßen laut grunzt, dassma scho geahnt hod, dass des a drumm Sau is.

Dann hod da Schneider gseng, dass ganz in da Nähe a kloane Kapelle steht, de zwar vorn a Tür hod owa hinten ned. Schlau, wia er war, hod er Folgendes gmacht: Er hod de Kapellentür aafgmacht, hod sich vor de Tür higstellt und hod grunzt wia d'Sau. Des hod er echt guat kinnt, er war amal bei an Volkshochschulkurs „Tierstimmen im Wandel der Zeiten" und hod im Grunzen eins minus ghabt!!

De echte Wildsau hod des ghört und gmoant, des is a Rivale, der eam's Fuada wegfressen will und is im Schweinsgalopp Richtung Kapelle grennt. Kurz, bevors bei eam war, is da Schneider aaf d'Seitn ghupft und d'Wildsau is wia d'Sau in de Kapelln einebrettert, er hod de Tür zuaghaut und zuagsperrt und drin wars, d'Sau! De Jäger vom König hamms bloß no daschiassn braucha, dann hods Wildschweingulasch gem, acht Dog lang! De Leit is scho zum Hals aussaghängt, weil alle Dog Wildschweingulasch, des is aa nix.

Ja, dann war natürlich de Hochzeit mit da Königstochter! Begeistert war er ned, da König, owa wos will er macha? Versprocha is versprocha. Obwohl, im weitesten

Sinn is a König a Politiker und de seng des eigentlich ned ganz so eng. Owa der war aso, der König, konsequent!

Jetza wars owa aso, dass der Schneider im Schlaf gred hod. Solang er ledig war, wars wurscht, do hods koaner bzw. koane ghört. Owa jetza is de Königstochter neba eam glegn und eines Nachts hods ghört, wia er ganz laut gsagt hod: „De Naht miassma no richten und an des Hosntürl ghörn no Knöpf!"

Dann is ihr kema: „Ach du Schreck! Des is koa mutiger Held, des is a primitiver Schneider! Ja Himmel, Arsch und Zwirn, so an Dolde hob i jetza als Mo! I schaam mi zu Tode!"

Sie hods ihrem Voda, dem König, erzählt, und der hod gsagt: „Ich ahnte es, dass er kein feiner Pinkel nicht ist, sondern ein Assi! Tu dich nicht hinab, Schantall-Gunda, heute Nacht, wenn er schläft, dann kommen meine Diener und entführen ihn auf eine einsame Insel, die heißt Mallorca (ja, des war damals no voll einsam, nix Ballermann) und wird er niemals mehr zurückkommen!"

„Ey danke Papa!", hods gsagt und hod sich gfreit, dass den Hosenflicker los wird. Owa oana vo de Diener war a volle Petze und hod dem Schneider des erzählt. „Des werma nacha scho seng!", hod sich der denkt und hod aaf d'Nacht bloß aso do, als daad er schlaffa!

Wia er ghört hod, dass de Diener vor seiner Schlafzimmertür umeinanderschleicha, hod er ganz laut gsagt: „ I hob sieben aaf oan Streich daschlagen, i hob zwoa Riesen d'Schädln eighaut, i hob a Einhorn enthornt und i hob a Wildsau gfangt! Do fircht i mi aa ned vor de Hanswurschtn, de grad vor meiner Tür draußen stehen!"

De Diener hamm des ghört und san davo über alle Berge und koaner mehr hod sich traut, gega den Schneider wieder irgendwos zu unternehma, und er is König worn und bliem.

Am Anfang wars da Königstochter hübsch zwider, owa eines Tages warns am Feierwehrball, do is ihr d'Naht vom Kleidl aafplatzt, und er hod ihrs perfekt gricht. Do hod sie sich denkt: „Es gibt Schlimmeres!" Dann hods eam a Busserl gem und hod gsagt: „Schee, dass i di hob, mein tapferes Schneiderlein!"

Und vor lauter Freid hamms 9 Monat später a Kind kriagt.

Wos sagst? Siebenlinge? Naa, bloß oans, des „7 auf einen Streich", des hod bloß für Fliagn gegolten!

Tischchen deck dich, Goldesel und Knüppel aus dem Sack

Es is scho lang her, do hat amal a Schneider koa Frau mehr ghabt, owa a Goaß und drei Söhne. Schneider hamm ned viel verdient damals, maximal an Hungerlohn, drum hamms allaweil Hunger ghabt, de viere. De Goaß wenns ned ghabt hätten, de waarn glatt verhungert! Weil de Goaß hod a Milch gem und de hamms trinka kinna und aus dera hamms an Ziegenkäse macha kinna, im Prinzip hod de oane Goaß de vier oaschichtigen Männer ernährt. Fleisch hamms koans gessn, weil des war zu deier. Ok, sie hätten natürlich de Goaß schlachten kinna, owa dann hättens oamal wos Gscheits ghabt und dann gar nix mehr. Do is gscheida, man hod nix Gscheits, owa des aaf Dauer. Des macht ned direkt glücklich, owa halbwegs satt.

Und damit de Goaß a scheene fette Milch gibt, hods jeden Dog aaf d'Wies aussegführt wern miassn, weil do is des guade Gras gwachsen und de gschmackigen Kräuter. De drei Söhne hamm sich abgwechselt, jeden Dog hod a anderer de Goaß aaf d'Wies gführt und de andern zwoa hamm derweil dahoam dem Voda zuagschaut beim Schneidern, im Prinzip warns faule Säcke, des muassi jetza einfach amal song – schaun dem alten Voda zua, anstatt dass sie selber wos macha.

Eines Tages war grad da älteste Sohn dran mit da Goaß, da schöne Schorsch, und is mit ihr aaf d'Wies vom Pfarrhof, weil do war des fetteste Gras, und da Pfarrer war froh, dass er ned mahn hod miassn. D'Goaß hod den ganzen Dog gfressn und is aaf da Wies umanandaghupft wia no wos, a lebendiger Rasenmäher praktisch.

Aaf d'Nacht umara fünfe hod da Schorsch gsagt: „Und Goaß, wia schauts aus? Bist satt? Hod alls passt? Oder willst no a weng fressen, Gras waar no gnua do!"

Und d'Goaß hod geantwortet! Stell dir des vor! Is ja des scho a Wunder, dass de Frage kapiert, owa dass dann no antwortet drauf, des is ja direkt a Sensation! Gsagt hods Folgendes:

Ich bin so satt, ich mag kein Blatt! Mäh!

Brutal, oder? A Goaß, de reden konn! Des gibt's ned oft, also persönlich kenn i überhaupt koane, de des konn. I muass allerdings zuagem, dass i ned viel Goiß kenn, eigentlich null.

„Alls klar!", hod da schöne Schorsch gsagt, dann packmas, all zwoa! Du gehst in den Stall, und i schau mir no „Bauer sucht Frau" o – naa, Schmarrn, des war a Witz! Damals hods ja no koan Fernseh gem! Bauern, de a Frau suacha, hods scho gem, owa de hamm des ohne RTL regeln miassn.

Dahoam hod da Schorsch de Goaß in ihren Stall bracht und is dann in d'Schupfa zum schnitzen, weil er hod recht gern gschnitzt, meistens Goiß.

Sei Voda is no auf an Ratsch in den Stall eine zur Goaß und hods gfragt: „Und Goaß, hod alles passt im Pfarrgarten? Bist gscheit satt worn?"

Und wos sagt de Goaß? Wos sagt des hinterlistige Viech?

Wovon sollt ich satt sein?
Ich sprang nur über Gräbelein
und fand kein einzig Blättelein, mäh mäh!

Abgesehen davon, dass des a grottenschlechts Gedicht is, is ja aa no a Lüge. Aso ein Luader, ha? Meckert do übers Essen, obwohls ihr gschmeckt hod und obwohls gnua kriagt hod. A Goaßragout ghört sich aus so was gmacht oder a Ziegenhack! Gibt nix Schlimmers wia a liagade Goaß!

Owa da alte Bauer hod dem blädn Tier des glaubt, hod völlig überreagiert und zum Schorsch gsagt: „Schau bloß, dass du weidakimmst, auf di is kein Verlass ned!" Dann hod er eam no an Baseballschläger am Schädl ghaut, und da schöne Schorsch is davo vor dem Psycho.

Am naxtn Dog war da zwoate Sohn dran mitm Goaßhüten, da dirre Dieter. Er is mit dem Miststück glei ums Eck ganga, weil do war a Platz mit superguade Kräuter, de hamm ihr richtig gschmeckt und sie hod den ganzen Dog gfressn wia d'Sau, obwohls a Goaß war.

Um 17.30 Uhr hods da dirre Dieter gfragt: „Und Goaß? Magst no wos oder machma Feieromd?"

Und sie wieder:

Ich bin so satt,
ich mag kein Blatt, mäh, mäh!

Was sagst do du? Des hörst sich doch scho wieder so hinterlistig o, oder?

Und des war aa hinterlistig! Da Dieter hod de Goaß in den Stall bracht und anghängt, dann hod er sich im Gartenweiher a poor Kaulquappen gfangt zum Abendessen. Mit Knoblauch hoda de immer leicht ogschwitzt, also i möchts ned!

Dann geht da Voda wieder zur Goaß und fragts, obs satt worn is. Und sie? Da gleiche dumme, verlogene Spruch wia beim schönen Schorsch:

Wovon sollt ich satt sein?
Ich sprang nur über Gräbelein
und fand kein einzig Blättelein, mäh, mäh!

I hobs ja glei gsagt: Gschlacht hätts ghört, gestern scho! Dann waar dem dirren Dieter des Gfetz erspart bliem, des da Voda veranstaltet hod.

„Du Tierquäler, du Goaßnfeind, du Sidast (er wollt Sadist song, hod owa des Wort ned so richtig gwisst)! Lasst des arme Tier hungern und haut sich selber wahrscheinlich d'Wampn voll!"

„Voda, i glaub, du drahst am Radl! De Goaß liagt! De war bumpsatt, de hod selber gsagt, dass koa Blattl mehr schafft, echt! I schwörs! Und mit wos soll i mir d'Wampn vollhaun, ha? Mir hamma ja nix, weil du nix aaf d'Reih kriagst finanziell! Du Loser du!"

Des hod den Voda erst richtig fuchtig gmacht! „Hau bloß ab!", hoda gsagt, „hau bloß ab! Sunst könnts sei, dass i dir oane batz, dassd aus da Hosn fliagst, du dirre Schwindsuchtspiraln du! Aa wennst jünger bist, vor dir fürcht i mi ned!"

Gsagt hoda nix, da dirre Dieter, owa wia er furtganga is, hod er sich denkt: „Depp!"

Jetza war bloß no oa Bua dahoam, da staade Stefan. Aso hamms zu eam gsagt, weil er ziemlich staad war. Wenn er überhaupt amal wos gsagt hod, dann ned viel, oa Wort meistens bloß.

Er war am naxtn Dog dran mit da Goaß. In a Gebüsch is er eine mit ihr mit lauter Büsche mit saftige frische Blattln. Da Goaß hods dermaßen gschmeckt, grad gschmatzt hods beim Fressen, den ganzn Dog. Um 17.30 hod da staade Stefan zu ihr gsagt: „Und?"

Dann natürlich sie wieder:

Ich bin so satt … blablabla, des Übliche!

Da Stefan hods wortlos hoambracht und in ihren Stall anghängt. „Und, hods wos Gscheits kriagt?", hod da Voda gfragt. „Scho", hod da staade Stefan gsagt und is in d'Stubn einegangen, er wollt no a Rundn schweigen.

Da Voda, misstrauisch wia allaweil, is wieder zu da Goaß eine und hods gfragt, ob alls roger is und sie hod wieder de Story erzählt, dass ned satt is und den Schmarrn mit dem Gräbelein und Blättelein.

„Geh läck mi doch alles am Ding!", hoda gsagt, „warum hob i drei dermaßen verlogene Söhne? Oaner unzuverlässiger wia da ander! Stefan, kimm aussa vo da Stubn!"

Dann is da staade Stefan in den Stall kema, und da Voda hodna gfragt: „Warum liagst du mi o und sagst, de Goaß hod gnua gfressn? Und d'Goaß sagt, sie hod überhaupt nix kriagt! Wia erklärst du dir des?"

Da Stefan hod bloß gsagt: „Mei!", und mit de Schultern zuckt.

Dann hod da Voda gsagt: „Hau ab, i mog di nimmer seng, a verlogene Bagasch seids ihr drei! Ausse aus mein Haus!"

Da staade Stefan hod gsagt „ke", des is d'Abkürzung vo „Ok", owa „Ok" war eam z'lang, und furt war er.

So, etza war da Schneider alloa mit seiner Goaß und etza hods er selber aaf d'Weide führn miassn zum fressen. Des hod er am naxtn Dog gmacht und am Abend hodas gfragt: „Und, liebes Zieglein, bist satt?"

Ich bin so satt,
ich mag kein Blatt, mäh, mäh!

„Dann is recht, dann gema hoam all zwoa!"

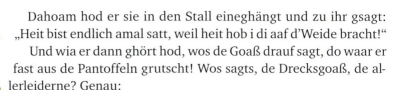

Dahoam hod er sie in den Stall eineghängt und zu ihr gsagt: „Heit bist endlich amal satt, weil heit hob i di aaf d'Weide bracht!"

Und wia er dann ghört hod, wos de Goaß drauf sagt, do waar er fast aus de Pantoffeln grutscht! Wos sagts, de Drecksgoaß, de allerleiderne? Genau:

Wie sollt ich satt sein?
Ich sprang nur über Gräbelein
und fand kein einzig Blättelein, mäh, mäh!

So, jetza hoda gschaut wia a Singerl, wenns blitzt! Und schlagartig hod er an drumm Zorn gega de Goaß ghabt. „Ich Gischpel jag meine Buama ausm Haus, bloß weil i dir Luader glaubt hob! Du grundfalsches Viech du! In da untergründigsten Hölle sollst schmorn, du bläde Goaß! Und in Ewigkeit sollst jeden Dog song miassn: ‚Zenalln, i hob null Bock!'" Dann hod er ihr ihren Goaßbart wegrasiert, dass voll bläd ausschaut und hods davoghaut. Man hods dann lang nimmer gseng, erst nach drei Jahren. Do hammses im Schaufenster vo da Metzgerei Lüngerl gseng, do wars owa nimmer goaßförmig, sondern a Salami, so länglich.

Tja, jetza könnte de Gschicht aus sei und sie waar ziemlich bläd ausganga, für alle: für d'Goaß, fürn Voda und für de drei Buama.

Owa de Gschicht geht weida! Und sie wird no mords interessant!

Da Voda is dann einsam dahoamgsessn und hod sich täglich selber gfotzt, weil er dera blädn Goaß mehr glaubt hod als seine Buama.

Und d'Buama? De hamm vielleicht wos erlebt, Wahnsinn, unglaublich!

Da schöne Schorsch hod a Schreinerlehre gmacht, und er war fleißig und freindlich und wia de Lehre aus war, hod eam da Lehrmeister a kloans Tischerl gschenkt, aus Holz natürlich, is ja klar bei an Schreiner!

„Ey cool", hod da schöne Schorsch gsagt, „a Tischerl! Merci vielmals, Chef!"

„Momeeeent!", hod da Lehrmeister gsagt, „Momeeeent! Des is a ganz a bsonders Tischerl! Des Holz stammt aus dem Zauberwald, des hobi von an gwissn Sepp Rumpel-Stilz kaaft! Sag amal ‚Tischlein deck dich'!"

Dann sagt da Schorsch des und schwupps, san aaf dem Tischerl de feinsten Sachen gstandn: „A Schweiners mit Knödel und Kraut, a halberts Gockerl mit Erdäpfelsalat, a Himbeerkuchen mit Sahne, a Bier, a Wein, a Cola light, Goaß-McNuggets, es war da Wahnsinn!

Da Schorsch hod sich 1000 mal bedankt beim Chef für des magische Tischerl und hod sich denkt: „I hob ausgsorgt, weil mi wird nimmer hungern, so lang i leb! I wander durch d'Welt mit mein Tischerl, und wenn i mog, stell i mei Tischerl hi, sog ‚Tischlein deck dich' und dann lass i mirs schmecka!"

Und genau so hodas gmacht – etliche Wochen is er übers Land gwandert mit sein Tischerl am Bugl, und wenn er an Glusterer ghabt hod, hod er des Tischerl higstellt, „Tischlein deck dich" gsagt und dann hod er sichs schmecka lassen. Aaf 3 Monat hod er acht Kilo zuagnumma, des muasst dir amal vorstelln!

Eines Tages hod er sich denkt, dass da Zorn vom Voda wega dera blädn Goaß vielleicht scho verraucht is und dass er wieder amal hoamschaun kannt.

Gesagt, getan! Er war allerdings weit weg vom Voda sein Heisl und hod am Heimweg in an Wirtshaus übernachten miassn. Am Stammtisch san a paar Hamperer gsessn und hamm gsagt zu eam: „Hock di her zu uns, junger Spund! Mir zahlma dir a Holwe und an sauern Pressog!"

„Des brauchts ned", hoda gsagt, „i bin Selbstversorger! Und heit bini aa eier Versorger, i lad eich ei zu de besten Speisen überhaupt, glei werns aaf mein Tischerl steh, do werds spitzn! Und de braucht ned da Wirt draufstelln, de keman vo selber!"

Oa Hamperer hod zum andern gsagt: „Du, dem hod d'Sun sei Hirn ausbrennt! Red der einen Schwachsinn daher!"

Dann hod da schöne Schorsch des Tischerl higstellt, hod sein Spruch gsagt und zackbumm hod sich der Tisch bong vor lauter guade Sachen! Do hods de Hamperer d'Augn aussatriem, mei liawa!

„So, etza hauts eine, Freunde, i hobs scho gsagt, i lad eich ei!"

Des hammse de Hamperer ned zwoamal song lassen, de hamm gfressn wia de Scheunendrescher – koa Wunder, vo de sechs Hamperer warn ja vier beruflich Scheunendrescher. Und wos da absolute Wahnsinn is: Kaam war a Schüssel laar, is verschwunden und da wo sie gstandn is, war wieder a volle.

Da Wirt hod sich denkt, sei Schwein pfeift, und er hod sich außerdem denkt, dass er aso a Tischerl guat braucha kannt. Is ja klar, der hätt sich de ganze Kocherei gspart und des Eikaffa vo dem ganzen Zeig.

Da schöne Schorsch war in dera Nacht da bsuffane Schorsch, weil er und de Hamperer hamm owelassn bis Mitternacht, de hamm d'Hucke voll ghabt, des konnst dir vorstelln. Gschlaffa hod er wia a Ratz in sein Bett im ersten Stock. Und wos duat da Wirt, de linke Bazille? Holt aus seiner Rumpelkammer a Tischerl, des genau so ausgschaut hod wia dem Schorsch sei Zaubertischerl und tauschts aus! Hundling der!

In da Friah hod da Schorsch zahlt und auscheckt und is mit dem falschen Tischerl hoam zum Voda. Der hod sich gfreit wia a Schnitzel, dass sei Schorschl wieder do is. Er hat eam schnell des erzählt vo dera hundskrippligen Goaß und dann hodan natürlich gfragt: „Und Schorsch, wia is dir ganga draußen in da Welt?"

„A Schreinerlehr hobi gmacht, Voda! In da Berufsschul wari da Beste, bloß dassdas woasst!"

„Hut ab, Schorschl, Hut ab! Und d'Schreinerei is a guats Handwerk! Krisensicher und Holz is a nachwachsender Rohstoff, do fehlt dir nix! Host wos mitbracht aa?"

„Ja freilich Voda, do schau her, a Tischerl!"

„Ah geh! Noja, da Oberhammer is des fei ned, ehrlich gsagt. Aso a mickrigs Tischerl? Also wenn des alles is, dann host'n Deifl ned zrissn als Schreiner!"

„Tja, des is a ganz a bsonders Tischerl, Voda! Des is a Tischlein-deck-dich! I wenn des zu eam sog, dann stehen sofort de feinsten Speisen drauf, des wenn du segst, do hauts dir's d'Nasenhoor aus de Ohrn, i sogs dir! Hol amal de ganzen Nachbarn und'n Onkel Navratil und d'Tante Rosl! Und wenns alle do san, dann sog i „Tischlein, deck dich" und dann gibt's ein Fest, des hod des Kaff no ned gseng, i schwördas!"

Da Voda war ganz aafgregt und stolz aaf sein Schorsch und hod de ganze Nachbarschaft zammdrummlt. D'Tante Rosl ned, weil de war ned dahoam, de war beim Hoiberlzupfa, selber schuld! Hoiberln san Blaubeeren! Und Blaubeeren san Heidelbeeren! So, jetza woasstas!

So, wias alle do warn, hod da Schorsch an jeden gfragt, nach wos er an Glusterer hätt – oaner wollt an Schweinsbraten, da ander a Schnitzl, da ganz ander a Schaschlik, da wampert Bruno a Schweinshaxn, de Tochter vom Kirchenchorleiter wos Vegans (de war scho immer a weng seltsam, ghoassn hods Frulinda!) und da Pfarrer a Forelle blau, weil es war Freitag.

Da Schorsch hod dem Tischlein alles zuagflüstert, und dann hod er laut gsagt „Tischlein deck dich" und allen is's Wasser im Maal zammgloffa, da wampert Bruno war scho ganz nervös.

Und's Tischlein? Des is dogstandn und hod bläd gschaut. Es is ja bekannt, dass a Tischlein vo Haus aus ned grad intelligent schaut, owa des hod echt voll bläd gschaut.

Dann hättst amal hörn solln, wia alle den Schorsch ausglacht hamm, de san ganz aus dem Heisl gwen vor lauter lacha! Mit de Finger hamms aaf eam hideit und ganz schlimme Wörter hamms zu eam gsagt, „Knalldepp", „Liagnbeidl", „Dregaff" und „Dummfotzn" warn no de harmlosesten, de andern mog i gar ned schreim!

Dem Schorsch war des unheimlich peinlich, und er hod sich gschaamt wia no wos und is in d'Schupfa ganga und hod sich eigsperrt und zwoa Dog lang Goiß gschnitzt vor Zorn, weils eam des Tischerl vertauscht hamm, insgesamt 12 Goiß sans worn, Zorn-Goiß.

Und wia hoassts allaweil: Wer den Schaden hat, braucht für den Spott nicht zu sorgen! Und genauso wars! Irgend a Witzbold hod an d'Schupfatür an Zettel droghängt, do is draufgstandn. „Ich hab ein Muttermal am Orsch, das ist mehr wert als der Tisch vom Schorsch!" Scho gemein, oder? Und a Schmarrn aa, weil wos soll des bedeitn? A Muttermal is doch nix wert!

Nach zwoa Dog is dann da Schorsch aus da Schupfa aussa und hod im Nachbardorf a Mechanikerlehre ogfangt, Kutschen natürlich, weil Auto hods ja no ned gem.

Owa wos war eigentlich mit dem zwoaten Sohn, mit dem dirren Dieter?

Der hod jahrelang bei an Müller gschuftet und als Lohn hod er vom Müller an Esel kriagt, owa wos für oan! Ned aso a bläds Viech, des den ganzn Dog bloß I-A schreit und bockt, naa, an Goldesel! Den wennma aaf a Deck gstellt hod und dann „Bricklebrit" zu eam gsagt hod, dann hods bei dem hinten und vorn Goldstücke aussaghaut.

Des war natürlich a Riesensach! Da dirre Dieter is mit dem Esel durchs Land zogen und allaweil, wenn er a Gold braucht hod: Esel aaf a Deck gstellt, „Bricklebrit" gsagt und scho san de Goldstücke aus dem Esel aussagflutscht, es war da helle Wahnsinn! Er hods gscheit kracha lassen, da Dieter, und dirr war er nimmer, weil er hod de feinsten Speisen kriagt für sei Gold. Eigentlich war er fast scho da dicke Dieter.

Eines Tages hod sich da dicke (vormals dirre) Dieter denkt, dass Zeit waar, wieder amal zum Voda hoamzugeh und nachzumschaun, wias eam geht, dem alten Grantler. „Und wenn da Voda den Goldesel segt, dann is sei Zorn aaf jeden Fall weg!", hod er laut vor sich higsagt.

Am Heimweg is er, wias da Deifl hom will, genau in des Wirtshaus kema, in dem da Wirt sein Bruada des Tischerl vertauscht hod. Er hod sein Esel im Stall anbundn, dann is er in d'Gaststuben eine und hod gsagt, er möcht wos Gscheits zum essen. „Konnst du dir des überhaupt leisten, du junger Hupfer?", hod da Wirt gsagt, „ weil recht geldig schaust du fei ned aus, eher in Richtung Privatinsolvenz!"

Do hod da Dieter drei Goldstücke aus da Hosntaschn aussa und hods dem Wirt zoagt. Mei liawa, do is der grennt und hod kocht, dass da Ofa glüht hod! Jaja, a Gold wenns seng, de Herren, dann werns gangig!

Da Dieter hod gessn, bis eam da Knopf vom Hemad owagsprunga is, dann hoda zum Wirt gsagt: „Guat wars, owa etza konni nimmer, zahln bitte! Wos kriagst vo mir?"

Da Wirt hod alles aafgschriem ghabt, wos da Dieter verputzt hod, und des war allerhand: Zwoa Schnitzl mit Erdäpfelsalat, a Hirschbraten mit Knödel und Preiselbeeren, vo da Ente de Brust und vom Gockerl den Haxn, a Gulaschsuppn nach Art des Hauses und als Nachspeis zwoa Apfelstrudel mit Vanillesoss und an Kaiserschmarrn. Getränkemäßig hoda vier Schoppen vom „Schoasstaler Sautröpferl" ghabt, des war a Weißwein halbtrocken. Zwecks da

Verdauung dann no drei Stamperln „Pfeifenheiner's Exitus", des is a Schnaps mit knappe 100 Prozent.

„Des waarn dann 8 Goldstücke", hod da Wirt gsagt. Da Dieter hod in sei Hosentaschn glangt, und es warn bloß no fünf Goldstücke drin. „Moooment, des hamma glei!", hoda gsagt und is in den Stall ganga zu seinem Goldesel. Wega dem Schnaps und dem Wein war er nimmer ganz niachtern und hod ned gschnallt, dass eam da Wirt nachschleicht. Und wia er den Esel goldmassig ozapft hod, hod des da Wirt genau gseng! Mei liawa, hods dem d'Augen aussatriem vor lauter Gier! Er is schnell zruck ins Wirtshaus und hod recht scheinheilig am Dieter gwart, da Dieter hod zahlt und is mit sein Rausch ins Bett.

Und wos duat da Wirt, des Charakterschwein, des griminelle? Holt aus dem Stall den Goldesel und stellt dafür an ganz an ordinären Esel eine, der genau so ausgschaut hod. So ein Hundskrippl, ha?

Da Dieter is in da Friah wach worn, hod an Brummschädl und null Ahnung ghabt vo dem Betrug in da Nacht und is mit sein 0815-Esel ab in Richtung Heimat. 0815 sagtma, wenns nix Bsonders is. I hob zum Beispiel a 0815-Gsicht.

Wia er dahoam okema is, hod da Voda mords a Freid ghabt und hod gsagt: „Ja Dieter! Schee, dassd wieder do bist! Wo bist denn gwesn so lang und wos host mitbracht?"

„I war sechs Jahr bei an Müller und als Lohn hob i den Esel do kriagt!"

„An Esel? Noja, do bist owa schlecht wegkema! An Esel für sechs Jahr Arbeit, des is eher weng, um ned zu sagen, der Müller hod di ganz schee verarscht!"

„Des moanst du vielleicht, Voda, owa des is a ganz a bsonderer Esel! Wenn i den aaf a Deck stell und sog ‚Bricklebrit', dann speibt der Goldstücke und hintn druckts eams aa aussa! I hob jetza a Zeitlang guat glebt mit dem Gold, wos mir der gschissn und gspiem hod, um es salopp zu song! Hol alle Freind und Verwandten, de machi alle reich!"

Da Voda is sofort abdüst und a Stund später warns alle do, desmal sogar d'Tante Rosl, da wampert Bruno sowieso und de ganzen andern Freibierlätschn.

Da Dieter hod den Esel aaf a Deck gstellt und „Bricklebrit" gsagt. Und wos is passiert? Gar nix is passiert! Besser gsagt, fast nix: Vorn is nix aussakema, owa hintn is wos aussakema, owa des war koa Gold, sondern des war des, wos bei jedem Esel hintn aussakimmt. Drum hod aa da Voda gsagt: „Mensch Dieter, des is doch beschissen!"

Und dann is er ganz enttäuscht wegganga, de andern alle aa. Da dicke Dieter is bald wieder da dirre Dieter worn, weil mit dem feinen Essen wars vorbei, a Erdäpfelsuppn war scho des höchste der Gefühle!

Da wampert Bruno hod sogar psychologische Hilfe braucht, weil der hod a Trauma ghabt und hod allaweil gschrian: „Gold und a Haxn vom Schwein? Ich dachte ja, doch es war nein!" Den hods voll dawischt, hirnmassig!

Erinnerts eich no an den staaden Stefan? Genau, des war da dritte Bruada! Der

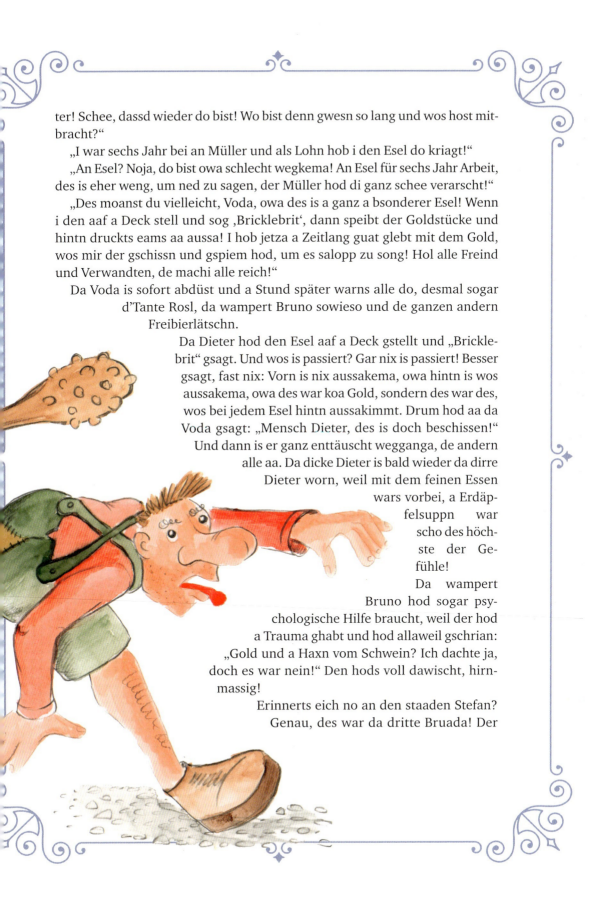

hod in de sechs Jahr a Drechslerlehre gmacht und als Lohn hod er an Sack mit an Holzprügel vo sein Chef kriagt.

„Da Sack is cool", hod da staade Stefan gsagt, „owa wos soll i mit dem Prügel?"

„Des is a Zauberprügel!", hod da Chef erklärt, „wenn dir jemand wos dua will, dann sagst einfach ‚Knüppel aus dem Sack', dann haut der Prügel den Angreifer grün und blau! Der hört mit dera Hauerei erst wieder aaf, wennst du sagst ‚Knüppel in den Sack'!"

„Aha!", hod da staade Stefan gsagt. Dann is er durchs Land zogn und jedsmal, wenn eam oaner bläd kema is, hod er den Prügel aus dem Sack befohlen, und koa Räuber oder sunst a Gschwerl hod eam wos anhaben kinna.

Eines Tages is eam gang wia seine Briada – er wollt wieder hoam zum Voda. Und obstas glaubst oder ned – er is akkrat wieder in des Wirtshaus einekema, wo da Wirt seine Briader dermaßen übers Ohr ghaut hod mit dem Tischlein und dem Goldesel. Er hod sich aaf d'Nacht in d'Gaststube einegsitzt und no a Maß trunka oder vier, und da Wirt hod aa gscheit eineglitert und hod eam ganz stolz erzählt, wia er zwoa junge Burschen betrogen hod und zu dem Tischlein und dem Goldesel kema is. Da staade Stefan hod glei gspannt, dass do nur um seine Briada geh konn, weil da Wirt, der Volldepp, hods no genau beschriebn, seine Opfer. Vom dirren Dieter hoda sogar a Phantombild zeichnet, der Nislpriem!

„Bürscherl", hod sich da staade Stefan denkt, „Bürscherl, di kriag i!" Und dann hod er zum Wirt gsagt: „Hä Mo, etza sog i dir oans: Aso a Tischlein-deckdich und a Goldesel, des hod wos, do host du scho recht. Owa gega des, wos i in mein Sack hob, gega des san des Peanuts! Da Goldesel und 's Tischlein, de san mitananda ned halb so viel wert wia des Wunderding in mein Sack, wennes dir sog!"

„A geh", hod da Wirt gflüstert, „wos host denn nacha do drin, ha?" Der war natürlich voll neigierig.

„Des is dodal geheim", hod da staade Stefan gsagt, „des derf koaner wissen! Und etza bini miad und geh ins Bett! Guad Nacht, Herr Wirt!"

Dann is er ins Bett ganga und fünf Minuten später hod er scho gschnarcht, wia wenn er drei Hektar Wald absageln daad. Owa des war a Blöff, der hod gar ned gschlaffa, der hod nämlich genau gwusst, wos etza passiert:

Da Wirt, da Oberschlawiner, hod des Schnarcha ghört, is in de Kammer gschlicha, wo da staade Stefan dringlegn is, und wollt in den Sack einelanga. In dem Moment hod da staade Stefan ganz laut gsagt „Knüppel aus dem Sack!".

Du, dann hod der Holzprügel den Wirt gschnalzt, dass der gschrian hod wia am Spieß! Am Hirn hoda a Beule ghabt, oa Ohr hod bluat, da Bugl war grün

und blau und d'Haxn scho gschwolln, aso hod der Prügel draufzundn, es war a wahre Freid, allerdings ned fürn Wirt.

„Bitte aafhörn!", hoda gwinselt, „bittebitte aafhörn! I halts nimmer aus, des duat so weh!"

„Wennst mir des Tischlein und den Goldesel vo meine Briada gibst, dann hört de Hauerei aaf!", hod da staade Stefan gsagt.

„Ja, i gibdas, jajaja, owa bitte lass de Hauerei aafhörn, in Gottes Namen!"

Dann hod da staade Stefan gsagt „Knüppel in den Sack!", und scho war der Knüppel ganz brav und is in den Sack eineghupft.

Am naxtn Dog in da Friah san des Tischlein und da Goldesel vor da Wirtshaustür gstandn, und da Wirt hod gsagt zum Stefan: „Do, nimms mit und kimm bitte nie mehr wieder mit dein brutalen Sack zu mir!"

Da staade Stefan is mit dem ganzen Zauberzeig furt und acht Stund später war er dahoam beim Voda. Der hod sich zwar gfreit, dass da jüngste Sohn wieder do is, owa er war scho aa a weng skeptisch, weil de andern zwoa hammna ja ziemlich schwaar enttäuscht ghabt.

Und wia da Stefan gsagt hod, da Voda soll de ganze Verwandtschaft herholn, weil es gibt a Fest und a Gold, hod da Voda gsagt: „Ned scho wieder! Des geht doch jedsmal schief!"

„Desmal ned!", hod da staade Stefan gsagt, „desmal ned, i versprichs!"

„In Gottes Namen, dann holes halt wieder amal alle her", hod da Voda d'Augen verdraht und a Stund später war de ganze buglerte Verwandtschaft wieder do.

Dann hod da staade Stefan sei Schau abzong, mit „Tischlein deck dich" und mit „Bricklebritt", und mit „Knüppel aus dem Sack", alles hod er vorgführt. Mit dem Knüppel aus dem Sack hod er den wamperten Bruno haun lassn, weil der hods vor lauter Fettn ned gspürt, zumindest fast ned.

Owa des war dem Bruno sowieso wurscht, weil am Tischlein warn de feinsten Speisen und de süffigsten Getränke, de hammna für de Schläg vo dem Prügel mehr als entschädigt, und sei Trauma war aa wia weggeblasen, besser gsagt, weggefressen!

Und wennsna ned zrissn hod, dann frisst er heit no.

Hans im Glück

Den Hans werds ihr ned kenna, oder?
Naa, den kennts ihr sicher ned, weil der hod vor ungefähr 300 Johr glebt, do warts ihr no gar ned aaf da Welt, i aa ned. Do hods no koa Bistro geben und koa Disco und koa Bar und koa Restaurant, bloß Wirtsheiser und andere Heiser.

Da Hans, der war ok, ned da Allerschlauer, owa direkt bläd aa ned, zumindest ned ganz bläd, ziemlich bläd war er scho, des werds dann scho no merka, spätestens, wenn de Gschicht aus is.

Wia da Hans 15 Johr war, hod er zu seiner Mama gsagt: „Sodala, etza wird's Zeit, dass i aussekimm in d'Welt, i packs und suachma an Job!"

„Omeiomei Hans", hod sei Mama gsagt, „so jung und scho ausse in die große weite Welt! Wos moanst denn, wannst wieder kimmst?"

„Noja, i schätz, so in 7 Johrn, Pi mal Daumen! Also, servus nacha, bleib sauber, Mama!"

„Bleib liawa du sauber, du frecher Hund!", hod sei Mama gsagt. Dann hods des Liadl gsunga „Hans bleib do, du woasst ja ned, wia's Weda wird!", owa des war dem Hans wurscht und furt war er.

Er is dann in a große Stadt kema, wos hoasst groß, 12144 Einwohner hods ghabt, owa des war damals scho mords groß. Durt hod er am Gartenzaun von an großen Haus an Zettel gseng, do is obengstandn „Hausl gesucht, Kost und Logie frei, Familienanschluss nicht ausgeschlossen".

„Des passt!", hod er sich denkt, und er is eine ins Haus und scho war er Hausl auf Probe und nach 3 Monat Vollhausl.

7 Johr später hod er zu sein Chef gsagt: „Tja, Herr Doppelbock (der hod echt aso ghoassn, Wahnsinn eigentlich), i daads dann wieder packa! I hob zu da Mama gsagt, in 7 Johrn kimmi wieder hoam, jetza waars so weit! De wird scho wartn aaf mi."

„Alles rotscha", hod da Doppelbock gsagt, „des leicht mir ei! Du warst a Top-Hausl und als Lohn schenk i dir an Batzn Gold, prego!" Er hod nämlich a bisserl italienisch kinnt und do hod er gern angeben damit.

Da Hans hod sich artig bedankt und is mit sein Goldbatzn furt, da Batzn hod übrigens umara zwoa Pfund ghabt, der war mords wos wert, heitzudogs locker 50.000 Euro, damals 49.997 Taler und 12 Kreuzer.

Wia er scho guat vier Stund unterwegs war mit sein Batzn, hamm eam d'Wadl ganz schee brennt, weil es war hoass und da Batzn schwaar. Mittndrin kimmt oaner aaf an Roos daher, des is aaf hochdeitsch a Pferd, und reit locker-flockig an eam vorbei.

„Mei", hod da Hans gjammert, „des waar a Sach, wenn i aso a Roos hätt! Dann kannt i hoamreiten und brauchert mi ned aso plagen mit mein Batzn!"

Des hod der Reiter ghört, weil da Hans hübsch laut gjammert hod und außerdem is da Reiter grad vom Hörgeräteakustiker kema, vom Dr. Tromml-Fell.

„Wos host nacha do für an Batzn?", hoda'n Hans gfragt.

„A Gold is, pur aa no! Hod zwoa Pfund, eventuell sogar a Kilo!"

„Du, i hob heit mein guatn Dog, i daad dir des Roos für den Batzn geben. I hob zwar dann des Gfredd mit dera Batznschlepperei, owa du bist mir sympathisch, drum will i dir helfa! Es fallt mir zwar gewaltig schwaar, weil des Roos is a Superroos, ohne Schmarrn, owa wia gsagt: I hob heit mein guadn Dog!"

Und wos duat da Hans? Wos duat des Rindviech hoch 3? Gibt dem Mo den Batzn Gold und nimmt dafür des bläde Roos! Und bedankt sich no dafür, ein Volldepp, oder? Für des Gold hätt er mindestens 10 Rösser kriagt, der Hanswurscht! Er war wirklich ned da Allerschlauerste, wirklich!

Da schlitzohrige Reiter is abgstiegen, hod den Batzn gnumma und hod zum Hans gsagt: „Und gell, wennst willst, dass des Roos schneller rennt, brauchst bloß ‚hopp-hopp' schrein, und scho geht's ab wia da Schoass im Darm! Es hod übrigens oa PS und hoasst Roosa!" Aso a Schmarrn, oder? A Roos, des Roosa hoasst! Sehr originell!

Wurscht, aaf jeden Fall war da Hans total happy, weil er nimmer geh hod miassn und den schwaarn Batzn schleppen und is frohen Herzens dahigrittn. Nach 7 Kilometer hod er sich denkt, dass a weng schneller geh könnt und hod „hopphopp" gschrian. Des hätt er liawa bleim lassen, weil d'Roosa hod dermaßen beschleunigt (eventuell wars a Turbo-Roos), dass den Hans hinten oweghaut hod und er im Straßengraben gflaggt is.

Gottseidank is a Bauer daherkema mitana Kuah und hod d'Roosa festghalten, sunst waars abghaut im Galopp.

Da Hans hod sich d'Läddn vo da Hosn owagwischt, weil in dem Straßengraben war a weng a Schlamm drin, dann is er zum Bauern hi und hod gsagt: „Der Klepper, der bläde! Aaf den steig i nimmer auffe, der is ja lebensgfährlich mit sein Turbo, mir wennst ned gangst! Do hostas du besser mit deiner Kuah! De datscht gmiatlich hinter dir her und wenns is, host no a Milch, an Buda und an Kaas! Du hostas echt schee als Kuhbesitzer!"

„Also, wennst mei Kuah magst – i daads dir gern für dei Roos, i moan bloß."

„Ehrlich? Daadst du des?"

„Normal ned, owa du duast mit echt leid. Und i konn des ned seng, wenns oan schlecht geht, drum daades!"

Da Hans hod voller Dankbarkeit de Kuah gnumma, und da Bauer is mitm Ross furt und hod sich denkt: „Schee bläd! Der is dümmer wia a Pfund Pommes."

Da Hans is total happy mit seiner Kuah weidaganga und hod sich scho gfreit aaf de Milch, den Kaas und den Buda, den eam des Rindviech liefern wird. Am naxtn Dog, do wars wieder bluadig hoass und er hod sich denkt, dass jetza Zeit waar für a frische Milch. Er hod de Kuah an an Baam festbundn und dann wollt ers melka. Eimer hoda koan ghabt, drum hod er einfach sei Lederhaum unters Euter ghaltn und's zeiteln ogfangt. Zeiteln kennst ned? Melken is des aaf Hochdeitsch!

Und wos is aussakema aus da Kuah? Nix, null, niente, zero! Er hod zeitelt und zeitelt, owa de Kuah hod einfach koa Milch mehr gem, des war nämlich scho a uralts Rindviech, total ausdirrt. Und weil da Hans wie ein Irrer an dem Euter zogn hod, hods eam mit dem rechten Hinterhaxn no oane gwischt, dass er ruckwärts aaf d'Wies gflogn is und direkt a wenig damisch war.

A Metzger, der zufällig mit seiner Sau daherkema is, hod eam aafgholfa und hodna gfragt: „Ja kruzenäsn, wos is denn dir passiert?"

„Des Rindviech gibt koa Milch ned und affeghaut hods mi aa no! I hob gmoant, de gibt mir a Milch und wos hods mir gem? An Tritt am Kopf, dass mi draht hod! Owa wos willst macha? Nix kannst macha! Etza hobes do, des bläde Viech!"

Dann sagt da Metzger: „Also, wenn i dir an Gfalln dua konn, i daad mei Sau gega dei Kuah tauschen! Is zwar für mi a schlechter Tausch, owa aus Guatheit daades, weilst mir leid duast!"

„Is des dei Ernst?"

„Naa, des is mei Sau. Mei Ernst geht in de 2. Klass Grundschul und schaut ned ganz so bläd!"

„Scho klar, owa daadst du mir de echt gem für de olte Kuah?"

„Wia gsagt, aus Guatheit!"

Dann hamms tauscht. Da Hans hod eine Freid ghabt, des konnst dir gar ned vorstelln. Er hod scho an de Würscht denkt und an den Schinken und des Cordon Bleu, wos er aus dera Sau macha kannt. Da Metzger hod allerdings no a größere Freid ghabt, weil er an Deppen gfundn hod, der eam für a Sau a Kuah gibt.

Wia er aso mit da Sau weidaganga is, da Hans, is eam a junger Bursch begegnet, der hod a Gans dabeighabt!

„Du bist owa des ned?", hod der Bursch zum Hans gsagt, wia eam da Hans voller Stolz sei Sau zoagt hod.

„Wos? Wia moanst etza des? Wer bini?", hod da Hans gfragt.

„Ja, weil in dem Dorf do vorn hamms an Bauern a Sau aus dem Stall gstohln, und wenns den Dieb dawischn, dann drahns eam den Krogn um, hamms gsagt. De suachen scho nach eam."

„Um Gottes Willen!", hod da Hans gsagt, „i war des ned, ehrlich! Owa i konns natürlich ned beweisen! Uiuiuiui, wos dua i denn? Wenn de mi dawischn, dann schauts zappenduster aus für mi!"

„Du, i hätt an Vorschlag: Nimm du mei Gans, dann nimm i dir die Sau ab, dann bist ausm Schneider! I muass eh weit weg, mi erwischens so und so ned!"

„Omei, danke dir sakrisch!", hod da Hans gsagt, hod dem Burschen sei Sau gem und is mit da Gans weida. „Mensch, hob i einen Dusel", hod er sich denkt, „immer triff i oan, ders guat mit mir moant und der mir hilft! I bin wirklich a Glückskind! Und de Gans is da Hammer, weil do kriag i ned bloß a Fleisch und a Gänsfett, sondern aa no Federn. Ha, dass i aso an Dusel hob!"

Dass er a Depp is, des hoda ned gschnallt. Owa des is normal, dass a Depp ned schnallt, dass er a Depp is, weil drum isa ja a Depp.

Wia er ins Dorf kema is, is am Dorfplatz a Scherenschleifer gstandn und hod Scheren gschliffa, logisch, bei dem Beruf.

„Hawedere Scherenschleifer!", hod da Hans gsagt, „alles klar? Wia laufen die Geschäfte?"

„Superduper", hod da Scherenschleifer gsagt, „die Auftragslage is gigantisch! I hob a krisensicheres Einkommen und allaweil a Geld in da Taschn!"

„Mei, des waar wos", hod da Hans gsagt, „allaweil a Geld in da Taschn! Und no dazua so leicht verdient, mit a bisserl Schleiferei! Du hostas schee!"

„Schlecht geht's mir ned", hod da Schleifer gsagt, „du, Frage: Wo host denn de scheene Gans kafft, de schaut gans (scho klar, mit z eigentlich, owa des war a Gag) guat aus?"

„De hobi ned kafft, de hobi tauscht gega a Sau!"

„Achso! Und d'Sau, wo host de kafft?"

„De hobi tauscht gega a Kuah!"

„Stark! Und de Kuah?"

„De hobi vo oan kriagt, weil i eam mei Roos gem hob!"

„Ja gibt's des aa! Und des Roos? Woher is des kema?"

„Des hobi für mein Batzn Gold kriagt, der war zwoa Pfund schwaar, eventuell sogar a Kilo!"

„Ja mi host ghaut! Wo hosten nacha des Gold herghabt?"

„Des war mei Lohn für 7 Johr als Hausl beim Herrn Doppelbock!"

Da Schleifer hod gspannt, dass er an kompletten Deppen vor sich hod, und hod gsagt: „Hut ab! Du bist a ganz a Grissner! Du verstehstas, wiama zu wos kimmt! Des i-Tüpferl aaf dei Karriere waar natürlich, wenn du a selbstständiger Unternehmer wern daadst, der sei eigenes Geld verdient und sei eigener Chef is!"

Do is da Hans direkt ins Schwärmen kema! „Mei, des waars!", hod er gsagt, „des waar da Hammer! Owa wia soll des geh? I hob koa Unternehmen ned!"

„Noch nicht!", hod da Schleifer gsagt, „noch nicht! I kannt dir an Schleifstein gem für die Gans und dann bist du a selbststandiger Scherenschleifer, dem's des Geld bloß aso einaschneibt! Hundert Pro!"

„Ehrlich? Du daadst mir echt an Schleifstein gem? Für mei Gans? A ganz Unternehmen für des Federviech? Du, des konn i doch gar ned annehma! I konn doch dei Guatheit ned dermaßen ausnutzen!"

„Mach dir koan Kopf!", hod da Scherenschleifer gmoant, „i dua des gern! Junge Existenzgründer ghörn sich unterstützt, des war scho immer mei Meinung. Schau her, do is a Wetzstein, Schleifstein konnma aa song dazua! Is zwar no koa Elitemodell wia da mei, owa fürn Einstieg taugt er! Du host ja bald so viel Geld verdient, dass du dir an guadn kaffa konnst!"

Dann hod er dem dumma Hans sein Wetzstoa gem und an andern Stoa, den er am Wegrand aafklaubt hod (an Reservestoa konnma immer braucha, hoda gsagt, so ein Schwachsinn!), hod de Gans in Empfang gnumma, is ab wia a Gschoss und hodse denkt: „Alle Dog steht a Bläder aaf, man muassna bloß finden! Und i hob den Allerblädern gfundn!"

Da Hans hods nicht fassen kinna, dass er aso a Glück hod, und is mit an Liadl aaf de Lippen und an Wetzstoa und an Feldstoa weidamarschiert. Gsunga hod er des Liadl „Ab heute wird wieder auf den Wetzstein gespuckt, wir steigern das Bruttosozialprodukt".

Er war gar nimmer weit weg vo dahaom, do hamm eam de zwoa Stoana gewaltig aaf d'Schulter druckt, und er hod sich denkt: „Öha, do is a Brunnen! Do sitz i mi a weng nieder, trink an Schluck, leg de Stoana am Brunnenrand hi und ruah mi a Stünderl aus, dass i toppfit ausschau, wenn i hoamkimm zua Mama! Ned, dass de moant, do kimmt a Grattler daher!"

Dann hod er den Wetzstoa und den andern Stoa am Brunnenrand higlegt und wollt trinka. Wias da Deifl hom will, is er vor lauter Durst an de Stoana drogstossn und de san in den Brunnen eineplumst.

„Also schee staad is mei Glück scho direkt unheimlich!", hod er laut vor sich higsagt, „jetza bini de schwaare Last vo de Stoana aa no los! Danke dir, lieber Herrgott, dass du es so guat mit mir moanst!"

Dann hod er sich no a Stünderl ausgruaht und is heiter und unbeschwert hoam zur Mama.

De hod a mords a Freid ghabt mit eam und hodna druckt und obusslt und gsagt: „Ja, mei Hans is wieder do, des is so schee, dass i di wieder hob! Groß bist worn, mi läckst! Und, wia is dir ganga in da großen weiten Welt?"

Dann hod ihr da Hans erzählt vom Herrn Doppelbock, vom Goldbatzn, vom Roos, von da Kuah, von da Sau, von da Gans und vom Wetzstoa und vom Brunnen und wos er für ein Glückspilz is.

Und sei Mama hod gsagt: „Ach Hansi, du bist und bleibst a Depp!"

König Drosselbart

Woasst du, wos a verzogener Fratz is? Scho, oder?
In dera Gschicht, die i dir jetza erzähl, da geht's um an total verzogenen Fratz.

Und zwar war des a Königstochter! De war oanerseits echt superschee, also wirklich a Leckerbissen, Topfigur, a Gsicht wia a Engel, lange blonde Hoor, alles hod passt, owa sie war hyperarrogant und stolz, a verzogener Fratz halt.

Und wias oft is bei so Königstöchter, de dermaßen guat ausschaun: Alle Prinzen, Knappen, Junker, Grafen, Fürsten und sonstige Nixtuerer hamms anghimmelt und wolltens als Freindin, owa koaner war ihr guad gnua, ned oaner! Und anstatt dass einfach sagt „nein danke", hods de armen Burschen no verarscht, des Horn des! Zum Beispiel hods zum Herzog Horst den Hohlen, der total aaf sie gspunna hod, gsagt: „Horstilein, du bist mir da allerliaber! I versprich dir beim Leben vo mein Goldfisch – wenn du no 10 Zentimeter wachst, dann heirat i di!" Und jetza kimmts: Da Herzog Horst der Hohle war scho 46, do wachstma nimmer! Des hod de Goaß natürlich genau gwisst!

Dem König war des natürlich ned recht, owa wos willst macha als Voda, wennst aso a scheene Tochter host und de hod koan Anstand? Nix kannst macha! Gibst ihr Schelln, dann duats davo, des is aa nix.

Er hods owa trotzdem probiert, dass des wos wird mit da Heiraterei, weil er wollts aa ned ewig durchfuadern. Drum hod er a Riesenfest veranstaltet und alle Junggselln eingladen, de in Frage kema san, insgesamt warns eana 17 Mann.

Dann hamm sich alle in oaner Reih aufstelln miassn, zerst de Prinzen, dann de Herzöge, dann de Fürsten, dann de Grafen und dann no a poor andere Hamperer, de durch Immobilienhandel oder Lottospieln reich worn san.

D'Königstochter is dann durch des Spalier vo de oaschichtigen Burschen ganga und hods begutachtet, owa glaubst, dera hätt oaner taugt? An jedem hods wos zum aussetzen ghabt:

Oaner war z'dick, da ander war z'dirr, oaner war z'groß, da ander war z'kloa, oaner hod an zu roten Schädl ghabt, da ander war ihr z'kaasig, es war echt peinlich mit ihr.

Am allerpeinlichsten war des, wos sie zu an echten König gsagt hod, der aa a Kandidat war, dem sei Kinn war a bissl krumm – mei, des konn vorkema, liawa's Kinn krumm als's Hirn dumm!

Sagt der arrogante Saufratz ned zu dem König: „Ja kruzenäsn, wos host denn du für a Kinn? Des is so verdraht wia da Drossel ihra Schnabel!" Des hamm alle ghört und seitdem hamms zu dem „König Drosselbart" gsagt. Voll gemein, oder? Und sie war schuld!

Ihra Voda war dermaßen sauer, dass er sich geschworen hod, dass sie den erstbesten Grattler heiraten muass, der daherkimmt! Ja, er war scho verdammt sauer, da König, stinksauer direkt!

Vier Dog später is a ziemlich verhauter Musikant („fahrender Sänger" hodma zu denen gsagt, obwohls ganga san und ned gfahrn) am Schloss vorbeikema und hod im Schlosshof a Liadl gsunga, i glaub, es war „Marmor, Stein und Eisen bricht". Er hod sich denkt, dass vielleicht jemandem des Liadl gfallt und er dann a poor Kreizer (aso hamm damals d'Cent ghoassn) kriagt.

Da König hod den Typen singa hörn und owegschrian: „Hä du, ned schlecht, dei Gsangl, ohne Witz, hod an Groove! Des gfallt mir dermaßen, dass i dir mei Tochter zur Frau gib. Sie is fei a ganz a Scheene, do wirst spitzn!"

D'Königstochter hod des ghört und is dermaßen daschrocka, dass ihr da Lippenstift owegfalln is, weil sie hod sich grad wieder gschminkt ghabt, des war ihra Hobby, de Schminkerei. Den ganzn Dog d'Lätschn oschmiern und dann in den Spiagel gaffa, unmöglich, de Frau! Kinnts eich no an de Stiefmuada vom Schneewittchen erinnern? De war aa aso a Schmierfinkin und Spiagelgafferin! Owa um de geht's jetza ned, jetza geht's um de eitle Königstochter.

„Ey Voda, mach koan Schmarrn!", hods gsagt, „i konn doch koan verkrachten Schlagersänger heiraten! Do waar ja a Rapper no gscheida!" Damals war nämlich bei de junga Leit a Rapper recht populär, der hod Gustl Mac Vogelweide ghoassn und der hod echt ganz annehmbar grappt beispielsweise den Rap do:

Yeah, yeah, die Tochter von dem King
is echt ein süßes Ding,
outfittet sich mit Style,
wär was für mich, das heiße Teil,
yeah, yeah …

Der hätt da Königstochter scho gfalln, owa er war evangelisch und sie katholisch, des is damals a No-Go gwen.

Is wurscht, aaf jeden Fall wollts den fahrenden Sänger aaf gar koan Fall.

Owa keine Chance – da Voda hod gsagt: „I hobs gschworn, dass du den erstbesten, der daherkimmt, heiratst und aus!" Und scho war d'Hochzeit und scho wars de Frau von an Loser und scho hods da Voda aus sein Schloss davoghaut, weil er gsagt hod: „Du bist etza de Frau von an Loser und host bei mir nix mehr verlorn!"

Dann is furt mit ihrem Mo, zu Fuß natürlich, ned mit Kutsche oder so. Wennma bös waar, kanntma fast sogn, sie is mit ihrem fahrenden Sänger ganga.

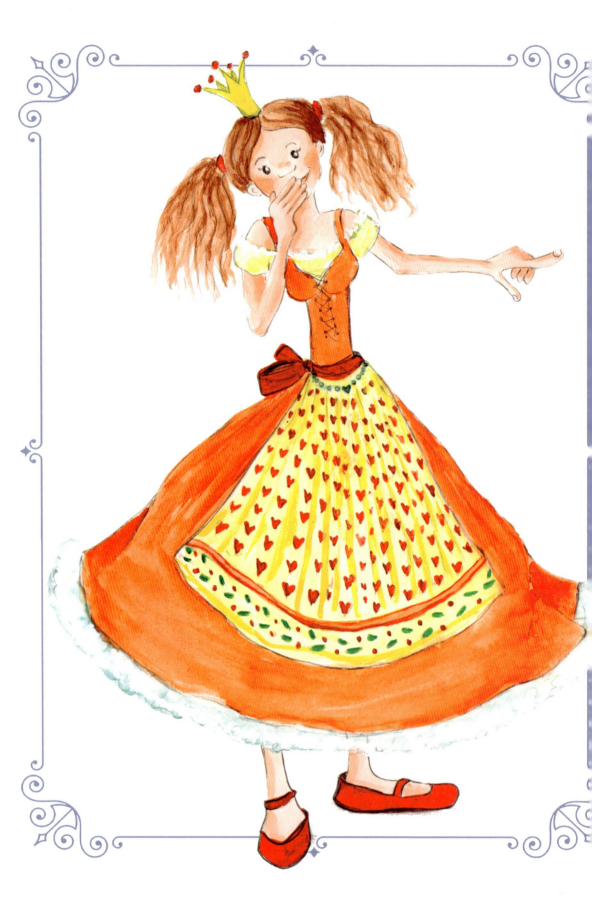

Wias an an riesigen Wald vorbeikema san, hods gsagt: „Oläck, so ein drumm Wald! Wem ghört denn der?"

Dann hod ihra Mo gsagt: „Der ghört dem König Drosselbart! Hättst den gheirat, dann waars etza dei Wald aa!"

Und sie so: „Omeiomei, hätt i bloß den als Mo gnumma! Ha, dass i so bläd bin?"

Dann sans an a Wies kema, de war so groß, dassma kaam drübergseng hod, und sie wieder: „Wow! Schau dir de Wies o! Eine Riesenwiesen! Wem wird denn de ghörn?"

„Dem König Drosselbart ghörts! Hättstna gheirat, dann waars dei Wies aa!"

„Mensch, bin i bläd!", hods gjammert.

Zwoa Stund hamms braucht, bis über de Wies drüber warn, dann sans in a scheene große Stadt kema. Also echt a Superstadt, mit Kircha, Wellnesshotel (ok, eigentlich wars a Wirtshaus mit an Fremdenzimmer mit Badwann, owa des war damals scho Wellness) und Fußgängerzone, do war Kutschenfahrverbot!

Du konnst dirs wahrscheinlich scho denka: Sie hod wieder gfragt, wem de ghört und sie hod wieder dem König Drosselbart ghört und sie hod wieder gjammert, weils so dermaßen bläd is. „Hätt i bloß den gnumma, hätten bloß gnumma", hods in oaner Tour gwinselt. „Dass i so strunzbläd bin – i kannt verzweifeln!"

„Etz hör amal aaf mit dein Jammern!", hod da Sänger gsagt, „du bist mei Wei und aus! Des passt mir gar ned, dass du dauernd an andern willst!"

Stundenlang warns scho unterwegs, ihr hamm scho d'Fiass weh do, weils Blodern an de Zeha ghabt hod, do sans an a Haus hikema. Wos hoasst Haus – a elendige Hüttn wars ohne Bad, ned amal an ersten Stock hods ghabt, bloß a Erdgeschoss, eigentlich wars a Barackn, aaf deitsch gsagt.

„Ja kreiznacht", hod d'Prinzessin gsagt, „wem wird denn de Bruchbude ghörn?"

„Des is mei Heisl", hod er gsagt, „do werma drin wohnen, du und i!"

Mei liawa, do hods gschaut, des noble Fräulein! De Eingangtür war so niedrig, dass sie sich bucka hod miassn, dass einekimmt – und sie war eh bloß an Medda 56 groß! So gseng war des eher a Saustalltürl als a Eingangstür für a Haus.

Wias drin warn, hod sie rundum gschaut und dann hods gfragt: „Ja wos? Wo san deine Diener? Hamm de Urlaub oder wos? Oder kaufens ei?"

„Diener?", hoda glacht, „de konnst dir abschminka, owa so was von! Alles wos in dem Haus zum erledigen is, machst ab sofort du und sunst koaner! Diener! I glaub, mei Schwein pfeift! Du putzt, du kochst, du waschst und du ribelst mein Bugl, wennsmi juckt! Schür glei ei und mach mir wos zum essen, mi hungert gscheit!"

Sie hod natürlich null komma null Ahnung ghabt, wiama eischürt, geschweige denn wiama kocht und is dogstandn wia a Depp. „Heit hilf i dir no", hoda gsagt, „owa ab moang is des dei Job, dass des klar is! I bin doch ned dei Leffdudde!"

Dann hamms a Wassersuppn gmacht mit Tannenzapfeneinlage, gsalzn hod de Suppn da Peter, da Salpeter, und dann sans ins Bett ganga. Ihr hod direkt graust vor eam in seiner langer grauer grintigen Unterhosn mit Eingriff hinten (er hods verkehrt ume anghabt), owa macha hods nix kinna.

Am naxtn Dog hodas scho um fünfe aafgweckt und hod gsagt: „Sodala, Ende mit lustig, etza wird putzt, i wills schee haben in mein Haus! Und dann muasst Körbe flechten, weil i möcht an Korbhandel aafmacha als Kleinunternehmer, dass a bissl a Diredare ins Haus kimmt! An Korb braucht jeder, zum Eikaffa, zum Schwammer geh, a Korbhandel is krisensicher und konjunkturunabhängig, auf geht's! Owa zerst machst mir a Frühstück! Draußn vorm Haus san Brennnesseln, de duast kloa herschneiden und dann duastas aaf a Scheim Brot drauf, des mogi! Und an Kafä machst mir aus Bucheckern, der schmeckt zwar wia Arsch und Friedrich, owa immerhin is er braun!"

Sie hod sich an de Brennnesseln gscheit brennt und gflennt, owa gholfa hods ihr gar nix, er war voll brutal zu ihr und hod gsagt: „Du Horn, du bläds!" Vom Bucheckernkafä will i gar nix song, der hod gschmeckt wia d'Tante Theres unter da Achsel, brutal!

Es is ihr echt dreckig ganga, weil des Korbflechten hods aa ned kinnt. Dann hoda gsagt, sie soll spinnen mitm Spinnradl, des hods natürlich aa ned kinnt. Wenn i so nachdenk: Eigentlich hods überhaupt nix kinnt!

„Ok, wennst des aa ned konnst, dann nimmst de Töpfe do im Eck und gehst am Markt und verkaufstas, mir brauchma Einnahmen! Wennst scho handwerklich so dumm bist wia a Pfund Solz, vielleicht bist wenigstens a Verkaufstalent!"

Und tatsächlich: Promotionmässig wars ned unbegabt! Sie is am Marktplatz gstandn mit ihre Töpfe und hod gschrian:

A jeder arme Tropf
braucht heitzudogs an Topf!
oder
Ist dei Mo a recht a Flegl,
batz eam oane mit an Dägl

Des hamm natürlich bloß d'Bayern verstanden, weil a Preiss woass des ned, dass a Dägl a Topf is. Owa sie hod für de preissischen Kunden aa an Spruch ghabt:

Hast du einen bösen Mann,
haue ihn mit meiner Pfann"

De Sprücherln hamm de Leit dermaßen gfalln, dass ihr an oan Dog 12 Töpfe und 7 Pfannen abkafft hamm, a Topf hod 1 Taler und 12 Kreuzer kost, a Pfann 99 Kreuzer. Sie hod sich mords gfreit, und ihra Mo hod ihr a ganz a liabs Kompliment gmacht, weil er hod gsagt: „Für des, dass du so bläd bist, wars wirklich ok!"

Am naxtn Dog is wieder am Marktplatz ganga, aaf an kloan Wagerl hods 20 Töpfe und 15 Pfannen ghabt, de wollts alle verkaffa.

Sie war kaam a viertl Stund do, is a bsuffana Reiter mit sein Roos (des war aa leicht angeheitert) daherkema und schnürlgrad in des Wagerl einegrittn – alle Töpfe und Pfannen warn hi, alle! Weil de Hufeisen vo dem Roos warn aus Eisen und de Töpfe und Pfannen ned, sondern aus Ton. Und wenns hoasst „Ton gegen Eisen", do gwingt immer's Eisen!

Etza war de ganze Ware im Eimer, weil de Scherben hods in an Eimer einegschmissn. Schadensersatz hods aa ned kriagt, weil der Suffbeidl hod aa no Reiterflucht gmacht und a Kfz-Kennzeichen zum merka hod ja a Roos ned ghabt! Zeugen hamm des Täterroos folgendermaßen beschrieben: „Vorn an Kopf und hint an Schwanz!" Na toll, des hilft gar nix!

Sie is hoam und hods ihrem Mo erzählt und hod gflennt und wos duat er? Anstatt dass er sie tröstet, hodas no gschimpft! „Du bist echt so dumm, dass a Holzscheitl no schlauer is! Wia konnst di du mit dem zerbrechlichen Gschirr mitten am Stadtplatz histelln, wo de ganzen Suffköpf drüberreiten? Do sitzma sich in a Eck, wo koa Roos hikimmt, du Horn! I hob mir des glei denkt, dass du des aa ned aaf d'Reih kriagst, drum hob i gestern scho im Schloss vom König gfragt, ob de ebbern braucha kinna, der fast für alles z'bläd is. Ab moang bist du im Schloss Küchenmagd! Und do muasst mir dankbar sei, weil des host nur mir zum verdanken! Da Chefkoch is nämlich a Kumpel vo mir, wir warn miteinander aaf Reha in Bad Wörishofen!"

Dann is de arrogante Prinzessin tatsächlich Küchenmagd worn! De dreckigsten Arbeiten hods erledigen miassn: Gäns rupfa, des Bluat rührn, wenns a Sau abgstocha hamm, des gfaulte Obst und Gmias aussortiern und als Lohn hods de Reste kriagt, wos de feinen Gäste vom König ned gessn hamm.

Manchmal hods ihrem Mo a poor Gockerlboana oder Gansflügel hoambracht zum Ofiesln. Owa anstatt dass er „danke, Schatz" gsagt hätt, hod er sie gschimpft und gjammert, weil an de Boana zweng Fleisch dran war. Es war echt brutal, nix hods eam recht macha kinna. Do könntst fei als Frau scho verzweifeln, aa wennst a Horn bist!

Eines Tages hod da Königssohn an Ball veranstaltet im Schloss und wia de ganzn feinen Gäste im Saal tanzt hamm, hod sie aus da Küchentür in den Saal eineglurt. Dann hods de ganzen scheena Kleider gseng und den Schmuck und de tollen Frisuren (de hod alle da damalige Promifrisör Jörg Boda-Waschl fabriziert!). Do is aafamal ganz traurig worn und deprimiert und hod sich denkt: „Mei, wenn i damals den König Drosselbart gnumma hätt, dann waar i jetza aa dabei bei de feinen Leit, hätt a Designerkleid an, a Topfrisur und a Krone drauf! I wenn de Zeit zruckdrahn kannt, i waar nimmer so bläd, i daadert alles anders macha! Owa leider geht des ned, wos ume is, is ume!"

Mittndrin is da Königssohn in ihra Richtung ganga und sie wollt schnell wieder in d'Küch eine, dass er ned schimpft, owa er hod gsagt: „Do bleibst, i will mit dir tanzen!" Und wia er näher kema is, hod sie gspannt, dass des da König Drosselbart is!" Do wollts erst recht abhaun, weil sie sich natürlich gschaamt hod, weils eam damals so spöttisch aaflaffa hod lassen.

Sie is schnell in d'Küch und durch d'Küch durch und dann über a Treppn in Garten ausse. Owa sie is gar ned in den Garten kema, weil aaf da Treppn is a scheener Mo gstandn, der hods aafghaltn. Und wia sie den Mo oschaut, hods gmoant, sie spinnt: Des war scho wieder da König Drosselbart! Wia des ganga is? Woass doch i ned, vielleicht war er Sprintweltmeister? Oder ganz einfach a Zauberer, weil de hods damals no vereinzelt gem. Heitzudogs san ja de Zauberer bloß Dampfplauderer! Do wennst zu oan sagst: „Hä Zauberer, zauber mir amal 100.000 Euro her!", dann schaut er bläd, owa des bloß nebenbei.

Aaf jeden Fall hod sie ganz verwirrt gsagt zu eam: „Du b…b…bist, äh sorry, Sie san doch da König Drosselbart?!"

„Bingo", hod er gsagt.

„Und grad drin im Saal, wer war nacha des?"

„Des wari aa!"

„Wia jetza? Des aa? Etza blicki nimmer durch!"

„Der bsuffane Reiter und der Sänger, der di gheirat hod, des wari aa!"

„Und des Roos?"

„Des wari ned!"

„Ja, warum host du des alles gmacht?"

„Weil i di mog! Weil du mir gfallst, weil du a wunderschönes Deandl bist! Owa heiraten wollt i di bloß, wenn du nimmer so arrogant bist und so eitel und so hochmütig!"

„I schwörs, des bini nimmer! Und es duat mir aa furchtbar leid, dass i aso a Horn war, ehrlich!"

„Des woassi", hoda gsagt, „des woassi doch! Etza gema in den Saal eine, dann gib i glei unser Verlobung bekannt und in acht Wochen wird gheirat, basta!"

Sie war sofort einverstanden und acht Wochen später hamms gheirat. Es war a Superhochzeit, vo überall sans herkema, de feinen Leit! A 12-Gänge-Menü hods gem vom Sternekoch Adolf Schuhpech und an Moselwein vom Rhein. Es war wirklich so schee, dass alle gschwärmt hamm. Sage und schreibe 3 Dog hod de Hochzeit dauert.

Bloß oans war bläd an dera Hochzeit: I war wieder amal ned eingeladen!

Der Hase und der Igel

De Gschicht, de i eich jetza erzähl, de is damals passiert, wia de Tiere no dreden hamm kinna wia d'Menschen, es is also scho gscheit lang her, mindestens 500 Johr, eventuell sogar 501.

Do is eines Tages, es war a Sonntag, da Igel in da Friah umara viertel nach sieme vor seiner Haustür gstandn, hod oane graucht (des is fei ungsund, aa für an Igel!), und hod a Liadl gsunga.

Wahrscheinlich „Here comes the sun", weil grad d'Sonn aufganga is.

Dann hod er sich denkt, er kannt amal a bissl in sei Ruamfeld geh und nachschaun, wia groß de Ruam scho san, weil er war hauptberuflich zwar Igel, owa nebenberuflich a Biobauer.

Aaf sein Weg zum Ruamfeld hod er den Hasen troffa, der war aa scho unterwegs um de Zeit, der hod joggt.

Da Igel war a höflicher Mensch bzw. Igel und hod den Hasen freindlich griasst: „Hawedere Hos, i wünsch dir an guadn Morgen!"

Owa da Hase war ziemlich gschert und hod ned zruckgriasst, der Gloifel der. Er hod bloß gsagt: „Wos treibst denn du scho in aller Friah am Feld? Und no dazua am heiligen Sunnta?"

„Spaziern geh i", hod da Igel gsagt, „a frische Luft duat guat! Erweitert die Bronchien!"

„Spaziern? Du mit deine schiefen kloan Haxn? Weit wirst mit denen ned kema!", hod da Hase gsagt und recht dreckad glacht.

Des hod den Igel gscheit geärgert, des konnst dir vorstelln! Do griasstma höflich

und dann kriagtma aso a bläde Antwort. „Schiefe kloane Haxn", aa wenns stimmt, so wos sagtma ned!

„Moanst ebba du, dass du mit deine hoorigen langen boanigen Fiass schneller bist wia i oder wos?", hod da Igel gsagt.

„Des moan i ned, des woass i!", hod da Hase grinst. „Du wirst doch wohl ned glauben, dass du mit deine Stumperln a Chance gega mi hättst!"

„Mei", hod da Igel gsagt, „an Versuch waars wert! Laffma um d'Wett, dann wirst scho seng, dass i dir davorenn!"

Da Hase hod glacht, dass seine langa Hasenzähn direkt blitzt hamm. „Des is da Joke des Jahres!", hoda gsagt, „du und mir davorenna! I glaub, du host Wahnvorstellungen! Host du no an aufgwärmten Rausch vo gestern oder wos? Oder hamms

dir in die Zigrettn wos jointmassigs einedo? Owa guat, wennst moanst, nacha machma halt a Wettrennen! Um wos wettma? A Kilo gelbe Ruam?"

„Naa, scho wos Gscheits!", hod da Igel gmoant, „an Goldtaler und a Flaschn Bärwurz!"

„Okidoki, i bin dabei!", hod da Hase glacht, „packmas glei?"

„Etza wart halt a weng, i muass zerst a Happerl essen, dassma ned schlecht wird vo dem Sprint", hod da Igel bremst, „i dua schnell hoam zum frühstücken! Songma in ana halben Stund?"

„Alles klar, in 30 Minuten treffma uns wieder und dann geht's ab im Galopp! Also bei mir im Galopp, bei dir eher im Schleichgang!" Da Hase hod sich kaum beruhigen kinna vor lauter Lacha.

Dann is da Igel hoamganga und hod sich denkt: „Schneller wia i is er scho, der Angeber, aber dümmer aa! Und drum werd i eam austricksen!"

Dahoam hod er zu seiner Frau gsagt: „Hildegard Igel, i brauch dei Hilfe! Ziag di o und kimm mit mir aafs Ruamfeld ausse! Glei!"

Sei Hildegard hod ned gwisst, wos los is, und hod natürlich gfragt, wos des Ganze soll.

„I hob mitm Hos um an Goldtaler und a Flaschn Bärwurz gwett, dass i gega eam im Wettrennen gwinn!"

„Spinnst du komplett? Hamms dir's Hirn obohrt? Du host doch null Chance gega dem seine langa Haxn, null komma null! Der lasst di steh wia an Straßenpfosten!"

„Misch di ned ei, des is a Sach zwischen Männer! Ziag deine Turnschuah o und kimm mit!"

Weil de Frauen damals no gfolgt hamm, is d'Hildegard mitganga. Sie hod sich zwar denkt „ha, dass etza mei Alfred so ein Hanswurscht is?", owa gsagt hods nix.

Aaf dem Weg zum Ruamfeld hod da Alfred Igel zu seiner Frau gsagt: „ Etza pass aaf! Du hockst di am End vom Ruamfeld in de erste Furche vo links eine und duckst di! Und wenn da Hase dahergrennt kimmt, stehst aaf und sagst zu eam: „I bin fei

scho do!" Der moant dann, du bist i, weil mir schauma ja genau gleich aus! Des is des Guade an uns Igeln, dass a Manndl ausschaut wia a Weibl! Und umkehrt is grad aso!"

D'Hildegard hods genau aso gmacht, und da Alfred is über des ganze Ruamfeld ganga aaf de ander Seitn, do hod da Hase scho gwart aaf eam. Er hod no a bissl Stretching gmacht, dass er bsonders schnell is.

„Bist soweit?", hod da Igel gsagt.

„Natürlich, auf geht's! Aaf drei startma!"

„Alles klar! I renn in da ersten Furche, du in da dritten, dassma ned kollidiern! Oans – zwoa – drei!"

Dann is da Hase ab wia a Gschoß, da Igel is drei, vier Schritte dahigwatschelt, dann is er stehbliem und hod sich duckt.

Wia da Hase fast am andern Ende vom Ruamfeld okema is, is d'Hildegard aafgstandn und hod eam entgegengschrian „Bin scho do!"

Du konnst dir ned vorstelln, wia bläd do da Hase gschaut hod, ungefähr wia a Grönländer, wenn am Eisberg om a Palme wachst. Gschnauft hoda wia a Walross, weil er grennt is wia d'Sau.

„Des gibt's doch ned!", hoda gsagt, „dass du scho do bist! Mir rennma sofort noml, sofort! Weil zwoamal halst du de Streck mit deine sogenannten Fiass niemals ned durch! Oans – zwoa – drei!"

Da Hase is ab wia a Raketn, d'Hildegard Igel is drei Schritte ganga und hod sich dann wieder in ihra Furche eineduckt!

Wos dann passiert is, konnst dir vorstelln: Da Hase is am andern Ende vom Feld okema, da Alfred Igel is aafgstandn und hod ganz cool gsagt: „Bin scho do!"

Da Hase war nervlich dermaßen fertig, dass er bloß no gschrian hod: „Glei noml, des werma nacha scho seng! Oanszwoadrei!" Und scho war er furt, grennt isa, dass seine langen Ohrn vom Laufwind direkt hinterebong hod. Und am andern Ende wieder d'Hildegard: „Bin scho do!"

Da Hase hod d'Augen verdraht und ganz wirr dahergred. „Des gibt's ned, des gibt's ned, i werd narrisch, wos is denn des für a verdammts Ruamfeld, is des a Atom-Igel?" Lauter so Schmarrn hod er dahigfaselt, der war psychisch voll neba da Spur!

Apropos Spur: Insgesamt 73mal is er in seiner Spur hi- und hergrennt und allaweil hod er am End vo da Spur ghört: „Bin scho do!"

Anstatt dass er amal a Pause gmacht und nachdenkt hätt, wos do los sei kannt, is er immer weidagrennt, wia a Volldepp! Ja, i hobs ja scho erwähnt – er war zwar eigentlich da Schnellere, owa aa da Blädere!

Tja, und dann is kema, wias kema muass: „Bei 74sten Mal is er in da Mitt vom Ruamfeld zammbrocha und maustot umgfalln, aus wars, Herzversagen wahrscheinlich.

Hildegard und Alfred Igel hamm sich den Taler und de Flaschn Bärwurz gschnappt und san hoam, total entspannt, weil de san ja kaum grennt.

Und aaf d'Nacht im Igelhaus hod da Alfred nach dem achten Bärwurz zu seiner Hildegard gsagt: „Hillegadd, hicks, Hillegadd, i sogda des oane, hicks – wer woass häddi ned alloa aa gwunga, wer woass! Nix Gwiss woassma ned! Prosit!"

Und d'Hildegard hod gsagt: „Du wennst an Rausch host, du redst nur an Schmarrn daher!" Owa unter uns: Ganz niachtern war sie aa nimmer!

Rotkäppchen

Es is scho hübsch lang her, da hats amal a kloans Deandl geben, des war echt a so a süße Maus, dass alle gern ghabt ham.

„Mei, schauts des Deandl o!", hamms gsagt, „is des liab!" Alle hamms zum Fressen gern ghabt - oaner wollts tatsächlich fressen, owa wer des war, des sog i eich später.

Da Nam vo dem Deandl war Reserl, eventuell aa Rosemarie, Chantal wahrscheinlich eher ned, owa genau woassmas nimmer, is einfach scho z'lang her. Es is owa aa ned wichtig, weil da Nam hod sich eh geändert, des werds a poor Zeilen weida unten glei lesen.

Am allergernsten hods ihra Großmuada ghabt, de hod ihr dauernd wos gschenkt – an Schokolad, a Puppn, a Wienerwürschtl und wos woass i no alls.

Eines Tages hods ihr a rote Haubn gschenkt, aso a Art Kappl, des war sogar aus Samt - unglaublich, aber wahr! Woass da Deifl, wo de Großmuada den Samt herghabt hod, weil Samt war mords deier seinerzeit und a Rente hods damals no ned gebn, owa is ja wurscht. Des Kappl hod dem Deandl narrisch gfalln, de war ganz weg vor Freid! Und sie hod des Kappl nimmer vom Kopf owado, Dog und Nacht is de mit dem Kappl umanandagrennt, und drum hamm d'Leit bloß no Rotkäppchen zu ihr gsagt, logisch. War owa wirklich voll schee, des Kappl!

Sie war für ihra Alter (sie war 5) scho recht fit und drum hod ihra Mama amal zu ihr gsagt: „Rotkäppchen, pass aaf, i hob an Auftrag für di! Do schau her, do host a Stückerl Kuchen und Flasche Wein! De bringst bitte da Großmuada! Weil de is a weng haude beinand. Mei, is halt a olts Wei, hilft alles nix. Sagst, sie soll den Wein trinka und den Kuchen essen, dass wieder wird! Und gell, pass guat aaf und bleib schee am Weg und geh ned in den dunklen gfährlichen Wald eine! Und schau, dass du ned ausrutscht, sunst is der guade siasse Wein hi und da Kuchen batschnoss und d'Gruaßmuada konn sich aaf d'Bappn haun! Und wennst einekimmst in ihra Haus, sagst schee ‚guad Moang', dass des klar is! Weil wenn a Kind ned grüßt, des is nix!"

Des sog i übrigens aa, grüßen is doch des Mindeste, wosma verlanga konn, oder?

De Warnung vo da Mauda war voll berechtigt, weil des Heisl von da Großmuada war a halbe Stund vom Dorf weg, mitten im Wald, und a halbe Stund alloa durchn Wald geh, des is für a kloans Deandl ned grad lustig. Do treibt sich allerhand Gsindl umeinander!

„Dua di ned owe, Mama, des kriagi scho hi", hod's Rotkäppchen gsagt, „und i versprich dir, dass i den Wein ned zammhau!

So, dann geht's in Wald eine und wer kimmt daher? Da Wolf! Da böse Wolf! Owa dass der böse is, des hod's Rotkäppchen ned gwisst, des hod ihr dummerweis vorher koaner gsagt.

Und da Wolf, a hinterlistiger Hundskrippl, sagt ganz freindlich, zuckersiass direkt: „Hawedere Rotkäppchen! Alles klar?"

„Alles klar", hods gsagt, „danke der Nachfrage! Und bei dir? Geht's dir guat?"

„Jaja, passt scho! Du, sag, wo duast denn hi in aller Friah?"

„Zu da Großmuada geh i!"

„Do schau her! Findi guat, echt! Du, wos host denn in dein Korb drin, wenni fragen derf!"

„A Flaschn Wein hobi dabei und a Stückerl Kuchen. Weil woasst, da Großmuada is ned recht, drum hod mei Mama gsagt, i soll ihr wos bringa, dass wieder zu Kräften kimmt!"

„Eh klar, a Wein hod no koan gschad und a Kuchen aa ned! I sog allaweil: A Kuchen und a Glaserl Wein, des duat guat und des schmeckt fein! Do muassi deiner Mama recht geben", hoda gsagt, der Schleimer und Möchtegern-Dichter, der greisliche. „Du, Frage: Wo wohnts denn, dei Oma? Host no weit?"

„Naa, a Viertlstund is no. Du miasserst ja ihra Heisl wissn – es steht unter de drei großen Oachbaama. Und davor is a kloaner Gartn mit zwoa Nussbaama und oan Opflbaam und Blumen und an Rhabarber! Weil den mogs recht! Do machts

a Kompott, da duats immer mords viel Zucker eine, i kriag dann immer oans, des is so guat …"

„Jaja, super!", hod da Wolf gsagt und hod sich denkt: „Des is doch mir wurscht, wos de Oma mit ihrem blädn Rhabarber macht! Mir is des Rotkäppchen als Leckerbissen viel liawa! Rhabarber, pfui Deifl! Wia kann i des ostelln, dass i alle zwoa fressen konn? De Alte als Vorspeis und dann de Kloa als Hauptspeis!" Do segst, wos des für ein brutaler Hund war, der Wolf! A olts Wei und a Kind fressen, des machtma doch ned!

Dann hoda mords freundlich do und gsagt: „Mensch Rotkäppchen! Du rennst durch den scheena Wold, wia wennst in d'Schul geh daadst! Schau di doch a weng um, wos do alles zum Sehen gibt! So bunte Bliamerln, so a woachs Moos! Und Schwammerl! Und lus amal, wia schee de Vogerln singen! Du derfst ned so hektisch sei, du muasst des viel mehr genießen! Kimm owa a bissl, cool down! Lassda einfach a bissl Zeit, häng ab a weng, chill, es rennt dir doch nix davo!"

Und wos macht des Rotkäppchen? Hod null Ahnung, dass da Wolf des bloß gsagt hod, dass er Zeit hod, um d'Oma zu fressen, und geht vom Weg weg und zupft Bliamerln!

Wia konnma bloß so dumm sei! Sie hod sich denkt, dass d'Oma a Freid hod, wenns ihr a Blumensträußerl mitbringt! So a Schmarrn, de hod ja selber Blumen im Garten ghabt, massenhaft! Und glaubst, des Rotkäppchen hätt sich tummelt? De hod die Ruhe weg ghabt und hod a halbe Stund Bliamerln zupft, mindestens, i glaub, es warn sogar 35 Minuten!

Da Wolf hodse denkt: „Zupf du no, umso länger, umso besser!"

Dann is er im Schweinsgalopp, also eigentlich im Wolfsgalopp, zum Haus vo da Großmuada grennt und hod an d'Tür klopft!

„Wer is denn draußen?", hod d'Oma gfragt, ganz gebrechlich, weil sie war echt ned fit.

„I bins, dei Rotkäppchen, an Wein hätt i dabei für di, an 1637er Tschianti! Und a Stückerl Kuchen, den hod die Mama bacha, der is echt lecker!", hod da Wolf ganz freindlich gsagt. Der Hundling hod voll guat sei Stimm verstelln kinna. Und des Schlimme is: D'Oma hod des ned gschnallt, weil schlecht ghört hods aa no, Hörgeräte hods no ned geben. Jessas naa, is des ein Kreiz!

„Kimm eina, mei liebes Rotkäppchen, es is offa!", hod d'Oma gsagt, „i bin so hundsmatt, i konn ned aafsteh!"

Und jetza wird's brutal: Da Wolf is eine, bis d'Großmuada überhaupt kapiert hod, wos los is, hodas aaf oan Sitz gfressn, hod ihra Nachthemad ozogn und ihra Haubn aafgsetzt und hodse ins Bett einegflaggt! Wahnsinn, oder? Wia konnma bloß so gemein sei? So hundsgemein, wolfsgemein direkt!

Und's Rotkäppchen? De hod in aller Ruhe Blumerln zupft, bis da Strauß so groß war, dassna nimmer haltn hod kinna. Dann is ihr wieder eigfalln: „Ach du

Schande (eigentlich hod sie sich a anders Wort mit Sch denkt, owa des sagtma ned), i muass ja zu da Großmuada!"

Sie is dann hübsch flott zum Oma-Heisl higrennt. D'Tür war offa, drum is glei eine. Irgendwie hods a bläds Gfühl ghabt, sie hod owa ned gwisst, warum. Sie hod schee „Guten Morgen" gsagt, owa null Antwort.

Dann is in d'Stubn vo da Großmuada eine, und do is natürlich da Wolf im Bett glegen. Sie hodna owa ned erkannt, weil er hod de Haubn ganz diaf ins Gsicht gezogen ghabt. Ausgschaut hoda zum Grausen, des konnst dir vorstelln – a Wolf im Nachthemad, i mag mirs gar ned vorstelln, pfui Deifl!

„Ja Oma", hod's Rotkäppchen gsagt, „wos host denn du für drümmer Ohren?"

„Dass i di besser hören kann!", hod da Wolf gsagt, mit verstellter Stimm natürlich wieder.

„Und wos host du für riesige Augen?"

„Dass i di besser sehen konn!"

„Und sei mir ned bös, wos host du für mords haarige Pratzen?"

„Dass i di besser packa konn!"

„Oläck! Und warum host du ein Maul, so groß wia a Schupfator?"

„Dass i di besser fressn konn!"

Und kaam hod er des gsagt, is er aus dem Bett gsprunga und zack, scho hod er des arme Rotkäppchen gfressen. So schnell hods gar ned gschaut, wars scho in da Wampn vo dem Wolf drin. Er hods gar ned bissn, einfach owegschlunga, Wahnsinn!

Und glaubst, der hätt a schlechts Gwissn ghabt? Null! Er hodse einfach wieder ins Bett glegt, is eigschlaffa und hod glei gschnarcht wia a Sägewerk! Der frisst zwoa Menschen und duat, wia wenn nix waar, nicht zu fassen!

Kurz draaf is da Jaaga am Haus vorbeiganga, hod de Schnarcherei ghört und hod sich denkt: „Des gibt's doch ned! Aso wia de alte Frau schnarcht, de muass krank sei, eventuell dersticks bald!"

Weil er hod d'Oma guat kennt, ab und zu hod er sie bsuacht und hod a Halbe trunka bei ihr, manchmal aa zwoa! Is klar, weil a Jaaga rennt den ganzn Dog im Wald umeinander, den dürscht oft gscheit!

Er geht eine und segt den Wolf im Bett liegen mit einer drumm Wampn. „Endlich dawisch i di, du Hundling!", hod er sich denkt und wollt eam glei a Ladung Schrot aufebrenna mit sein Gwehr.

Mittdrin is eam kemma: „Mooooment! Vielleicht hod der d'Großmuada gfressn, weil er gar so aufblaht is! Do schiass i liawa ned, am End lebts no

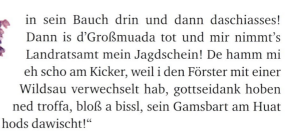

in sein Bauch drin und dann daschiasses! Dann is d'Großmuada tot und mir nimmt's Landratsamt mein Jagdschein! De hamm mi eh scho am Kicker, weil i den Förster mit einer Wildsau verwechselt hab, gottseidank hoben ned troffa, bloß a bissl, sein Gamsbart am Huat hods dawischt!"

Dann hod er aus dem Kucherlkastn vo da Großmuada a große Schaar aussa und hod dem Wolf sein Blahbauch vorsichtig aufgschnittn. Wos glaubts, wia der Jaaga gschaut hod, wia aufamal d'Großmuada und's Rotkäppchen aussagsprunga san, a bisserl voller Schleim, nach Luft hamms aa gschnappt, owa sunst warns alle zwoa putzmunter! Da Wolf hods ja gottseidank ned bissn, sondern aaf oan Sitz owegschluckt! Des is zwar für d'Verdauung ned guat, wennma aso schlingt, owa in dem Fall für d'Oma und für's Rotkäppchen scho.

War des eine Freid, wia de Kasperln sans umeinanderghupft alle drei, da Wolf hod immer no gschlaffa, de Fresserei hodna nämlich total miad gmacht ghabt.

Dann hod's Rotkäppchen, weils a ganz wiffs Kind war, a paar Stoana aus dem Garten vo da Oma gholt und hods dem Wolf in Bauch eineglegt, und da Jaaga hod den Bauch wieder zuagenäht.

A paar Minuten später is da Wolf wach worn und hod einen Mordsdurscht ghabt. „Mi host ghaut, i glaub, i hob mi dodal überfressen!", hod er sich denkt, „i muass wos trinka, de zwoa Weiber liegen mir wia Stoana im Magen!" Der Depp hod ned gmerkt, dass des wirklich Stoana san, so dumm war der! Des hörtma fei oft: Dumm, aber gefräßig!

Dann is er zum Brunnen aussegrennt, da Jaaga und's Rotkäppchen hamm hinter an dicken Oachbaamstamm glurt und dann Folgendes gseng:

Da Wolf hod sich über den Brunnenrand gebeugt, er wollt glei direkt den ganzen Brunnen aaf Ex aussaufa, aso hod den dürscht! Owa de Stoana in sein Bauch warn dermaßen schwaar, dass er's Übergwicht kriagt hod und plumsdiwums is er in den Brunnen einegfalln und jämmerlich dasuffa! Selber schuld!

Da Jaaga und's Rotkäppchen und d'Großmuada hammse voll gfreit, dass der Hundskrippl endlich weg is, und hamm glei den Wein trunka und den Kuchen gessn. Also den Wein natürlich bloß da Jaaga und d'Großmuada, s'Rotkäppchen hod an Apfelsaft kriagt, den hod d'Großmuada selber gmacht, der war voll bio!

Und lang hods no glebt, d'Oma, und s Rotkäppchen hod ihr no oft wos bracht, manchmal aa a Pizza oder an Döner und aa an Eierlikör, der hod ihr bsonders gschmeckt! Jaja, d'Großmuada, des war scho oane, mei Liawa! Nach dem 5. Eierlikör hods dann immer gsunga, meistens Gstanzl, so in der Art:

*Im Wold steht mei Heisl, im Heissl steh i,
da Wolf, der steht nirgends, weil der is scho hi!
Holladrihiaa, holladrihoo …*
und so weiter.

Und des Scheene war, dass des Rotkäppchen locker vom Hocker durch den Wald geh hod kinna, weil da Wolf war ja hi, wia gsagt! Super, oder?

Und wenns no ned gstorben is, dann geht's no heit locker vom Hocker zur Großmuada, eventuell fohrts inzwischen mitm Mountainbike!

Da Froschkönig

Früher, also ganz früher, do hats amal an König geben, an Kine praktisch. Des war owa ned da Herzkine oder da Eichelkine, scho gar ned da Graskine, da Schellnkine sowieso ned, naa, des war a echter König, da Chef von an ganzen Land! Wo genau woass i ned, is owa aa wurscht, aaf jeden Fall wars da König.

Und der König, der hod Töchter ghabt, oane scheener wia de ander. De warn so schee, des haltst im Kopf ned aus! Und de jüngste vo denen, des war de allerallerscheenste. De wenn du gseng hättst, do hätts dir den Vogel aussaghaut, ohne Schmarrn! De war da Wahnsinn, echt! D'Heidi Klum is a Dreg dagegen, und de is ned unsauber! Klar, des is Gschmackssach, owa de meisten Männer gfallts.

Und jetza pass auf, wos dera (da jüngsten Königstochter, ned da Heidi Klum!) passiert is – man möchts ned glauben:

Ganz in da Nähe vo dem Schloss vo dem König vo dem Land, vo dem i ned woass, wo des is, do war a Wald und in dem Wald unter an Baam, i glaub a Linde wars, do war a Brunnen. Und an so Tage, wo's bluadig hoass war, do is de jüngste Königstochter am Rand vom Brunnen gsessn – logisch, weil do wars schee frisch vom Wasser und schattig vom Baam.

Und woasst, wos de do gmacht hod? Sie hod a goldene Kugel ghabt, de hats allaweil in d'Luft gworfa und dann wieder aufgfangt. Scho klar, du denkst dir jetza: „Hä? Hod de an Schlog ghabt? War de ned ganz sauber? A Kugel in d'Höh werfa und wieder auffanga, des is doch voll langweilig! Is dera nix cooleres eigfalln?"

Du redst di leicht! Damals hods no koan Fernseh geben, koa Handy aa ned, nix, ned amal für a Königstochter! Und an Freind zum Schmusen oder so hods aa ned ghabt, do wars viel zu hoagla, koaner hod dera passt, a verzogener Fratz wars, aaf deitsch gsagt!

Also, wos willst macha? Bevor dass du gar nix machst, wirfst a Kugel in d'Höh und fangstas wieder auf! Is jetza ned grad a Brüller, owa immerhin, besser wia bloß rumhänga in oan vo de 144 Zimmer im Schloss!

Eines Tages hockts wieder am Brunnenrand und spielt ihra Kugelspiel – zack, fallt de Kugel in den Brunnen eine! „Plumps" hods gmacht und weg wars! Typisch: Superschee, owa z'dumm zum Kugelfanga!

„Omeiomei, mei goldene Kugel!", hods gjammert. Wos hoasst gjammert, bitterlich gflennt hods! Hätts aufpasst, des Horn, dann waars ned passiert!

Und wias aso flennt, hörts aufamal a Stimm: „Ja Königstochter, wos is denn passiert, weil du gar aso flennst? Wos host denn für a Gschroa?" „Ja wos", hod sie sich denkt, wos is jetza des? Wer red denn do?" Dann hods gschaut und hod gseng, dass a Frosch war, der hod sein greislichen Froschkopf ausm Wasser aussagstreckt! Es war mehr scho a Schädl und koa Kopf, so greislich war der!

„Ach, du bistas, alter Wasserpritschler!", hods gsagt. „I flenn, weil mir mei goldene Kugel ins Wasser einegfalln is! I kannt mi selber fotzn, weil i ned aafpasst hob! Jetza is weg! Mei wunderschöne Kugel, mei Lieblingsspielzeig!" Und scho hods wieder gflennt wia a Hund, dems d'Wurscht gnumma hamm.

„Hör aaf mit deiner Wuislerei!", hod da Frosch gsagt, „des is ja ned zum Aushalten! I konn dir de Kugel scho wieder holn. Owa i möcht wos dafür, dass des klar is! Umasunst is da Tod! Wos daadst du mir geben?"

„Alles, wos du willst! Mei scheens Gwand – oder Perlen – oder Edelstoana – oder wos zum Essen, a Fliagn oder so!"

„A Fliagn oder so! I glaub, mei Schwein pfeift!", hod da Frosch gsagt, „des Glump kannst dir bhalten, des mog i ned! Und de Fliagn kannst selber fressn! Woasst, wos i mog? I mog dei Freind sei, dei bester Freind! I mog am Tisch neba dir sitzn, i mog mit dir aus deinem goldenen Teller essen, i mog mit dir aus deinem goldenen Becherl trinka. Und i mog mit dir in dein Betterl schlaffa, dass des klar is! Wennst mir des alles versprichst, dann tauch i owe und hol dir die goldene Kugel! Owa nur dann! Also, wia schauts aus? Hamma an Deal?"

Und sie eiskalt: „Alles klar, Frosch, aso machmas! Hauptsach, du bringst mir mei Kugel wieder!"

Des hods gsagt, owa denkt hod sie sich: „Des konnst vergessen, du warziger Schleimbatzn!

Wenn i mei Kugel wieder hob, dann konnst du mir d'Schuah aafblosn, i hock mi doch ned neba an Frosch hi beim Essen, ja pfui Deifl!"

Da Frosch hod keine Ahnung ghabt, dass de Königstochter aso a verlogener Saufratz is. Er is im Brunnen owetaucht und bis sie gschaut hod, hod er ihr de goldene Kugel aufagholt und ins Gras gschmissn. Sie hods sofort gschnappt und is galoppartig ab ins Schloss. Da Frosch hod ihr no nachequakt: „Hä, ned so schnell! I konn doch ned so renna wia du, bloß hupfa! A Frosch is koa D-Zug!"

Owa sie is ab wie ein Gschoss und hodse denkt: „Der find mi eh nimmer, der bläde Frosch!"

Do hod sie sich owa sauber gschnittn! Weil am naxtn Dog, wia sie mitm Papa, der wo ja da König war, und no a paar so adelige Hamperer beim Essen gsessn is, hodma draußen aaf da Treppn aso a Platschen ghört, wie wenn jemand an nassen Lappen aaf d'Erd haut. Alle hamms gschaut, wia a Singerl, wenns blitzt, sie aa.

Dann hods an da Tür klopft und jemand hod draußen gsagt: „Königstochter, jüngste, mach mir aaf!"

Sie, neigierig wia alle Deandln, hod d'Tür aafgmacht und dann hods bläd gschaut, ganz bläd, saubläd eigentlich – weil do is da Frosch draußen ghockt, da Kugeltaucher vo gestern.

Sie is total daschrocka, hod d'Tür zuaghaut und hod sich ganz kaasig wieder higsetzt.

Ihra Voda hod des natürlich gseng, dass de kaasweiss is und hod gsagt: „Wos host denn? Hockt a Riese draußen oder wos? Oder machens scho wieder a Meinungsumfrage?"

„Naa, Papa, a Frosch hockt draußn, a greislicher Frosch!"

„A Frosch?" Da König war total perplex, des konnst dir vorstelln! „Wos will denn der von dir?"

Ja, und dann hod de Prinzessin ihrem Papa de Story vo da Kugel erzählt und wia sie den Frosch ograucht hod. Owa do is sie dem König grad recht kema! „Wosma versprochen hod, des muassma halten!", hoda gsagt, „ja, wo kaamerten mir denn do hi! Frosch hi, Frosch her! Lassna eina, owa hurtig!"

Passt hods ihr gar ned, owa wenn dir da König wos oschafft, dann muasst du des macha, als Tochter erst recht, sunst fallt eventuell da Watschnbaam um!

Tja, dann hods de Tür aufgmacht, da Frosch is eine ins Zimmer und hinter ihr herghupft bis zu ihrem Stuhl. Sie hodna gar ned ogschaut und weiter ihra Suppn glöffelt, wia wenn nix waar.

„Hä", hod da Frosch gsagt, „hä, Prinzessin! I konn ned so hoch hupfa, bitte heb mi am Tisch aufe zu dir, dassma gemeinsam aus dem Tellerl essen kinna!"

Wos wills macha? Da König hod scho wieder hergschaut wia da Deifl. Hilft alles nix – sie hod den Frosch mit an Tempotaschentücherl auf den Tisch ghobn, graust hod ihr wia d'Sau, des kannstda vorstelln! Des Meine waars aa ned grad, ehrlich gsagt.

Dann hod da Frosch sein drumm Bleschl in de Suppn eineghaltn und hod gschlürft, dass gspritzt hod, de Erdäpflsuppn, a bissl gelbe Ruam warn aa drin, abgschmeckt mit Muskatnuss, Sahne, Salz, Pfeffer und Schnittlauch. Owa dem Frosch war des Rezept wurscht, der hod eineghaut, dass zum Grausen war. Also de feine englische Art is des ned grad, owa mei, a Frosch is aa bloß a Mensch! Da Prinzessin is da Appetit komplett verganga, sie is bloß bleich durtgsessn und hodse denkt: „Wennsna bloß zreissn daad, den Krippl!"

Zrissn hods den Frosch ned, er hod bloß an Kopperer do und dann hoda gsagt: „So Schneckerl, jetza bini miad, jetza legen wir uns a weng in dei Betterl! Des wird bestimmt cool!"

Alloa scho bei dem Gedanken is da Prinzessin schlecht worden und überall hodses gjuckt und sie hod gflennt und den König ganz flehentlich ogschaut und den Kopf gschüttelt, so nach dem Motto: „Papaaa, sog halt du aa wos!"

Owa do is eam grad recht kema, ihrem Voda! „Ja harrgottseitn!", hoda gsagt, „steh zu dein Wort, sunst fangst jetza glei oane! Seine Versprechen muassma halten, i hobs dir grad scho gsagt! Nimm den Frosch und geh mit eam in dei Zimmer! Und schau ned wia a Keibl beim Metzger, des host du dir selber einbrockt! Hättst de bläde Kugel drinlassn im Brunnen! Hättst dir a neie bsorgt, do gibt's zig in Ebay!" Naa, Schmarrn, Ebay hods damals no ned geben, des war a Witz!

Auf jeden Fall hod sie den Frosch mit zwoa Finger packt und in ihra Zimmerlein getragen. Dann hodsna durt ins hinterste Eck ghockt und hod sich ins Bett glegt.

„Hä, Prinzessin", hod da Frosch aus dem Eck firaquakt – er hod echt a voll nervige Stimm ghabt, so froschartig – „leg mi sofort neba di ins Betterl! Owa zügig, sunst sages dein Voda!"

Do is da Prinzessin einfach zu viel worden, i konns fast versteh, weil mi hätt de Quakerei aa gnervt, und i bin ned amal a Prinzessin, sondern bloß a normaler Mensch!

Sie hod den schleimigen Hundling packt und mit voller Wucht gega d'Wand gworfa. „Dassd hi bist!", hods gschrian, „dassd endlich hi bist! Dass i mei Ruah hob vor dir!"

Solltma normal ned macha, scho klar! Owa wennst nervlich so fertig bist, dann setzt's Hirn aus, des kimmt vor.

So, und wos passiert? Es passiert des, wos kein Mensch erwartet hod, i aa ned: Der Frosch klatscht an de Wand und fallt als schneidiger Prinz wieder owa. Wos hoasst schneidig – der war a echte Sahneschnitte, a Mischung zwischen Tschoatsch Kluni und Brett Pitt! Klingt komisch, is owa aso!

„Wia jetza?", hod Prinzessin gsagt, total baff, „bini im falschen Film oder wos? Oder draam i?"

„Du draamst ned", hod da Prinz gsagt, und zwar mit einer Superstimm, „es is aso: A böse Hex hod mi verzaubert in an Frosch und nur a scheene Prinzessin wia du hod mi erlösen kina, dass i endlich aus dem feichtn Loch aussakimm! Danke dir sakrisch! Du, wia waars mit uns zwoa? Du schaust mega aus, ohne Schmarrn!"

Ihr hoda natürlich aa gfalln, und dem König hoda aa passt als Schwiegerprinz und scho am naxtn Dog sans mit seiner Kutschn ab in sei Reich. Wo des war, woass i aa ned, owa man sagt, es war mords a Reich, also ned irgend a Kaff oder so.

Ja, aso war des seinerzeit mit dem verwunschenen Frosch und dera scheena Königstochter!

Halt, oans no: Dem Prinz sei Diener, Heinrich hoda ghoassn, der war nervlich so fertig, wia sei Herr a Frosch worn is, dass er vor Kummer drei eiserne Bänder um sein Herz umemacha hod lassen, dass des Herz vor lauter Traurigkeit ned zerspringt. I hob so wos zwar no nie ghört, owa guat, wenna moant, is sei Sach.

Aaf jeden Fall war da Heinrich dermaßen happy, dass de drei Bänder mit an lauten Knacks brocha san, so hod des Herz gschlagen vor Glück! Des war jedsmal aso a lauter Schepperer, dass da Prinz gmoant hod, d'Achs vo da Kutschn is brocha! Gottseidank wars bloß dem Heinrich sei Herz, sunst hättens an Unfall aa no baut, kurz vor da Hochzeit! I mog gar ned drodenka! Owa alles guat, de zwoa hamm gheirat, a Herd Kinder kriagt und alles war paletti!

Obwohl, oans muass i no erwähnen: Des erste Kind, des war a Bua – der hod an dermaßen broaden Mund ghabt, fast wia a Frosch, Körmid hammsna tauft. Es war owa koa Schaden für den Buam, im Gegenteil: D'Deandln hamm gsagt, er war ein Superküsser! Is klar, mit dem drumm Maul!

Der Wolf und die 7 Geißlein

Bevor dass i eich de Gschicht erzähl, muass i eich wos erklärn, ned dass ihr sagts, dass i an Vogel hob!

Normal is aso, dass a Goaß bloß „mäh" song konn und sunst nix. Owa in dera Zeit, wo de Gschicht spielt, do warn de Tiere no gscheida und hamm redn kinna wia d'Menschen, des war ganz normal. Ned bloß de Goiß, alle Tiere, außer vielleicht de Bazilln, de warn allaweil scho ziemlich wortkarg. Is klar, wos wolln aa erzähln, de hörn und seng ja nix, so gseng sans ned zu beneiden. Also i möcht koa Bazilln ned sei, ehrlich gsagt.

Owa i will jetza nix vo de Bazilln erzähln, sondern von einer Goaß. De Goaß, de hod 7 Kinder ghabt, de hamm alphabetisch ghoassn Alfred, Babetterl, Charly, Dragan, Erika, Franzl und Nr. 7.

Nr. 7 war des jüngste Geißlein, des hätt eigentlich Gisbert ghoassn, owa den Nam hods gehasst wia die Pest und drum hod de Mamagoaß gsagt: „Ok, dann bist halt Nr. 7 und aus!"

De Mamagoaß war ganz narrisch mit ihre 7 Geißlein, mei, wia halt Mütter so san, so mütterlich halt.

Eines Tages wollts in den Wald geh und a frischs Fuada holn, weil draußen aaf da Wies war des ganze Gros ausbrennt wega da schlimmsten Trockenheit seit Jahren. Es war dermaßen trucka, dass des Kutschenwaschen verboten war, um Wasser zu sparn. Autowaschen war eh ned möglich, weils koa Auto ned geben hod, gottseidank.

Owa im schattigen Wald, do is an de Stellen, wo a Quelle in da Nähe war, no a scheens frischs Gras gwachsn, und so oans wollt de Goaß holn.

Wias furt is vo dahoam, hods zu de 7 Geißlein gsagt: „Etza passts aaf, liebe Geißlein! I geh in den Wald und hol a Fuada fürs Abendessen, Mittag essma nix in dera Hitz, und i möcht eh a bissl abnehma! Wenn i ned do bin, passts bloß aaf! Da Wolf is unterwegs! Der wenn ins Haus einakimmt, der frisst eich radebutz und ohne Kraut! Und wos des Schlimme is: Der Hundskrippl, der blöfft oft und verkleidet sich als normaler Hund oder als Wildsau, wobei a Wildsau aa ned grad des Wahre is, owa an seiner rauhen Stimm und seine hoorigen schwarzen Pratzn, do kinnts eam erkennen!

Und de Geißlein hamm gsagt: „Alls klar, Mama, mach dir koan Kopf! Mir passma scho aaf, versprocha!"

Do war de Goaß beruhigt, hod no a Witzerl gmacht und hod gsagt „so, dann MÄH ich mal a Gras" und is furt mit dem Korb fürs Gras.

Sie war kaum ums Hauseck ume, hods scho an da Tür klopft. Da Dragan hod gfragt: „Wer isen draußt? Kennwort?" Kennwort hods natürlich koans gem, owa da Dragan war immer scho da Witzbold in da Familie. Des hoda vo sein Voda gerbt, des war da Bock Hans. Den hod owa scho vor Jahren da Bär gfressn ghabt, weil des is ja bekannt: Bärn hamm Bock aaf Bock, scho immer!

Aaf jeden Fall hod draußen vor da Tür jemand gsagt: „Machts aaf, Kinderlein, i bins, d'Mama! I hob eich wos Guats mitbracht, do werds spitzn!"

Owa de Geißlein warn ned bläd, de warn schlau und ghört hamms aa guat. D'Erika hod gsagt: „Vergiss! Du bist ned unser Mama! Unser Mama hod a ganz a scheene helle Stimm und du, du host a ganz a rauhe, a versuffane, du bist da Wolf! Schau, dassd weidakimmst, mir machma dir ned aaf!" Und de andern Geißlein san hinter da Erika gstandn und hamm recht zahnt.

„Zefix!", hod sich da Wolf denkt, „de Gfrieser san wiffer, als i gmoant hob! Dann geht's bloß mit an Trick!"

Er is schnell ins Dorf grennt und hod bei „Hinzens Büroartikel" a Kreim kafft, Kreide hoasst des aaf hochdeitsch. De hod er gfressn, weil a Kreim macht d'Stimm heller, des is a Tatsach'. Dann is er wieder zum Goaßhaus und hod klopft und hod mit heller Stimm (de war echt voll goaßig) gsagt: „Machts aaf, lieber Kinder, i bins, d'Mama! I hob für jeden a Überraschungsei dabei!" Owa er hod ned Obacht gem und dabei sei schwarze hoorige Pratzn aafs Fensterbrettl glegt, und da Charly hod des gseng, weil der hod zum Fenster aussegschaut, des war sei Hobby: Den ganzn Dog aussegaffa. „Lasstsna ned eina!", hoda zu seine Gschwister gsagt, des is da Wolf, i seg sei schwarze Pfote!"

Dann hod d'Erika wieder gschrian: „Mir lassma di ned eina, mir hamm dei schwarze Pfote gseng, du bist da Wolf! Schau, dassd verschwindst, sunst ruafma d'Polizei o!" Des war natürlich a Schmarrn, weil Telefon hods koans gem damals, owa d'Erika war immer scho recht keck!

„Ja Himmel, Goaß und Zwirn!", hod sich da Wolf denkt, „wos san denn des für Geißlein heitzudogs! Früher, do hamm de d'Tür aafgmacht und du hostas gfressn! Und jetza? Jetza konnst dir an Wolf reden und de macha dir ned aaf! Owa des werma nacha scho seng, ganz bläd bin i aa ned!"

Dann is er in „Manuelas Backshop" und hod zur Manuela gsagt: „Streu mir a Mehl aaf meine Pfoten, i mog amal outfitmäßig wos anders probiern!" Owa d'Ma-

nuela war schlau und hod sich sofort denkt, dass der wos Schlimmes vorhod und hod de Pfotenmehlung abgelehnt.

Owa so wos lasst sich a Wolf natürlich ned gfalln, logischerweis. Er hod gsagt: „Es gibt zwoa Möglichkeiten – entweder i hob in 5 Minuten weiße Pfoten oder i hob di in 6 Minuten gfressn! Suachdas aus, wos dir liaber is!"

Do is da Manuela Angst worn und sie hod eam de Pfoten mit Weizenmehl schneeweiß gmacht. Guat, ihr kinnts jetza song „aso a Horn", owa wos wills denn macha? Bevor dass i gfressn werd, hätts i wahrscheinlich aa gmacht!

So, dann is da Wolf des dritte Mal zum Goaßhaus im Meckerweg Nr. 12, hod vor der Tür schnell no a Stückerl Kreim gfressn, hod oklopft und gsagt: „Sodala, liebe Kinder, etza bini wieder zruck aus dem Wald und hob eich a wunderbares frisches Gras mitbracht! I hoff, da Wolf war ned do, wia i weg war!" Voll hinterlistig, oder? Red vom Wolf und is selber da Wolf, da typische Wolf im Schafspelz!

„Zoag uns zerst dei Pfote!", hod da Dragan gsagt, „do kannt ja jeder daherkema!"

Dann hod da Wolf sei mehlweiße Pfote aafs Fensterbrettl glegt und Fenstergucker Charly hod gsagt zu de andern Geißlein: „Alles im grünen Bereich! De Pfoten san schneeweiß, des is d'Muada, machts ihr aaf!"

Nr. 7 war voller Freid, weil d'Mama wieder do is, und wollt d'Tür aafmacha, owa sie war no so kloa, dass ned am Griff hikemma is, des is a Kreiz, wennma z'kloa is. Dann hod da Franzl d'Tür aafgmacht. Kaam wars offa, is da Wolf wia a Wahnsinniger eingestürmt und wollts alle fressen. Sie san total daschrocka und hammse versteckt, so guat wias ganga is: Da Alfred unterm Tisch, 's Babetterl im Betterl (logisch, vom Nam her), da Charly im Ofa (der war gottseidank grad ned eigschürt), da Dragan im Kühlschrank hinterm Ziegenkäse, d'Erika im Schrank, da Franzl in da Waschschüssel und Nr. 7 in da großen Wanduhr. Da Wolf hod oans nach dem andern gfundn, der hods grocha, und alle gfressn. Und zwar so gierig, dass er sie in oam Sitz owegschluckt hod, ohne Beißen! Bloß de Nr. 7 in da Uhr, de hod er überseng.

Dann war er satt und hod sich draußen aaf da Wies unter an Baam glegt und is eipennt.

Er hod vielleicht drei Minuten gschlaffa, dann is de Mamagoaß hoamkema. Sie hod scho a bläds Gfühl ghabt, wias de offene Haustür gseng hod, und dass da Charly ned wia immer ausm Fenster gafft hod, war aa ned normal. Und wias dann drin im Haus des ganze Durcheinander gseng hod, dann war ihr klar, dass do ebbs passiert is. Sie hod alle Namen vo de Geißlein grufa, owa koans is kema. Erst wias „Nr. 7" gschrian hod, is des kleinste aus dem Uhrenkasten aussa und hod ihr alles erzählt.

D'Mamagoaß war psychisch voll im Ausnahmezustand und hod gflennt und gschrian und gfetzt, es war brutal!

Owa dann hods den Wolf draußen schnarcha hörn und is mit da Nr. 7 ausse und hod genau gseng, dass sich im Bauch vom Wolf wos rührt. „Ja mi läckst!", hod sie sich denkt, „leben ebba meine Geißlein no? Hod der de am End so gierig owegschlunga, dass de gar ned zbissn san? Des waar da Hammer!"

„Hä, Nr. 7", hods gsagt, renn schnell ins Haus, hol a Schaar, a Nadel und an Zwirn, owa Vollgas, jede Sekundn zählt!"

Nr. 7 is ins Haus eine wia a Pfitschepfeil und scho wars do mit da Schaar und dem andern Zeig.

D'Mama hod den Bauch vom Wolf aafgschnittn und oa Geißlein nach dem andern is aussaghupft, es war a Freid, des konnst du dir ned vorstelln!

Und da Wolf? Der hod dermaßen fest gschlaffa, dass er vo dem ganzen Theater ned wach worn is. Unglaublich, oder? Wahrscheinlich is aa an dem glegn, dass er am Dog davor in da Waldschänke war und 6 Weizen und 8 Bluatwurz ghabt hod.

„Kinder", hod d'Goaß gsagt, „holts schnell Stoana, de damma in sei Wampn eine und dann nähmas wieder zua.

De Geißlein hamm im Schweinsgalopp bzw. Goaßgalopp Stoana zammklaubt, hamms dem Wolf (der hod allaweil no pennt) in sein Bauch einegworfa und d'Mamagoaß hod den Bauch wieder zuagenäht.

Dann sans alle ins Haus eine und hamm fürs Fenster aussaglurt, wos passiert.

21 Minuten hods dauert, dann is da Wolf wachworn. „Harrgottseitn, hob i einen Brand von gestern in da Waldschänke!", hoda gsagt, „i muass a Wasser saffa! De Schnapssauferei bringt mi no um!"

Dann is er zum Brunnen higanga, der is links neban Goaßhaus gstandn, vo vorn gseng, vo hinten gseng war er rechts.

Und wia er so dahidatscht, hods de Stoana natürlich in seiner Wampn hi- und herghaut, des hod mords gschebbert.

Dann sagta:

„Was rumpelt und pumpelt in meinem Bauch herum? I hätt gmoant, es san 6 Geißlein, owa es schebbert wia Wackerstein!"

I woass aa ned, warum der Wackerstein gsagt hod, Stoana hoda halt gmoant.

Und wia er sich über den Rand vom Brunnen beugt hod zum saufa, hamm de Stoana eam in den Brunnen einezogn, und er is dasuffa wia de olt Lore. Des hoda ghabt davo, grad recht! Wer de olt Lore is? Woass i aa ned, des sagtma halt aso!

Wia er weg war san d'Goaß und d'Geißlein vom Haus aussa und hamm gjubelt: „Der Wolf ist tot, der Wolf ist tot!"

Sie san rundumadum um den Brunnen umetanzt vor lauter Freid.

Später dann hamm sich de 6, de im Bauch vom Wolf warn, duscht; weil sie hamm ziemlich gstunka nach Weizen und Bluatwurz.

Zum Autor

Der 1959 in der Oberpfälzer Grenzstadt Furth im Wald geborene Autor gehört schon seit Jahren zur ersten Liga der bayerischen Kabarettszene. Seine Live-Auftritte sind meist schon Wochen vorher ausverkauft, auch große Hallen sind für den genialen Geschichtenschreiber und -erzähler kein Problem. Selbst bei Veranstaltungen mit 500 und mehr Plätzen heißt es oft nach kurzer Vorverkaufszeit: Karten vergriffen!

Sein Erfolgsgeheimnis basiert auf zwei Säulen: Er schreibt Geschichten aus dem Leben, die jeder nachvollziehen kann, und er hat die Gabe, diese Geschichten mit einem bewundernswerten schauspielerischen Talent auf die Bühne zu bringen. Bereits 2002 wurde Toni Lauerer mit dem Kulturpreis seines Heimatlandkreises Cham „Der Schauer" geehrt. Seine Buchveröffentlichungen sind regelmäßig in den bayerischen Bestsellerlisten zu finden und haben inzwischen eine Auflage von über 600.000 erreicht. Auch seine Live-CDs verkaufen sich wie die sprichwörtlichen warmen Semmeln.

Begonnen hat seine Karriere mit kleinen Auftritten in den 80er Jahren. Schnell wurden die Medien auf das damalige Nachwuchstalent aufmerksam und längst ist Toni Lauerer regelmäßiger Gast in Funk und Fernsehen. Am 15. März 2018 wurde ihm zudem in Amberg von Staatsminister Markus Söder der Heimatpreis Oberpfalz für langjährige besondere Verdienste auf dem Gebiet Kultur und Brauchtum verliehen.

Im „normalen" Leben ist Toni Lauerer Standesbeamter in seiner Heimatstadt Furth im Wald.

Zur Illustratorin

Heidi Eichner, Jahrgang 1975, verheiratet, eine Tochter, wohnhaft in Landshut. Seit 2002 selbstständig als Grafikerin, Layouterin und Illustratorin.

„Grimms Märchen zu illustrieren war schon von Klein auf ein Traum von mir – umso mehr hat es mich gefreut, als man mich gefragt hat, dieses tolle Buch zu illustrieren. Vielen Dank an Josef Roidl und Toni Lauerer für ein märchenhaftes Projekt und das Vertrauen in mich.

Vielen Dank an meine Eltern Katharina und Franz, die mir eine sorgenlose Kindheit beschert haben, in der ich sehr viel träumen durfte. Und ein feenhafter Glitzer-Zauber Dank geht an meine größten „Fans": meinen Mann Oliver, meine Tochter Marina und meine Schwester Elfi mit Daniel und Laura und – „last but not least" – Tante Chrissi. Ein herzliches Vergelt's Gott, dass ihr immer für mich da seid.